リレー講義

世界からみたアジア共同体

東京外国語大学国際関係研究所所長
渡邊啓貴 編

芦書房

はしがき

　本書はワンアジア財団の助成によって、二〇一二年一〇月から二〇一三年二月にかけて東京外国語大学で実施された連続講義「アジア共同体を考える」の講義録をまとめたものです。ただし、内容については、その後の状況の変化に伴い適宜加筆修正しています。

　この連続講義では、アジア共同体をめぐるさまざまなテーマを網羅するために、それぞれの分野の専門家にお話しいただきました。とりわけ、東京外国語大学としての特徴を出すため、各地域からみたアジア共同体に対する視点を提示いただきました。その点では、斬新な視点が随所にみられる本書は類書にはない特徴をもっていると自負しています。

　日中、日韓のあいだでの領土問題など、日本を取り巻く東アジアでは依然として厳しい状況が続いています。こうしたなかで、「アジア共同体」構築は実現の困難な目標であるようにみえます。しかしだからといって、このままでよいわけではありません。やはりアジアがまとまり、平和を求めていく気運を高めていかなければなりません。そしてそのための目標を掲げることは間違いではないはずです。

　改めていうまでもなく、アジア共同体についての議論では、どのようにアジア共同体を定義するのか、現状をどのように捉えるのか、そして地域統合や地域共同体の目的や目標をどのように定めていくのかで、議論の方向性や論理はまったく異なったものとなります。

そうしたことを踏まえて、本書はそれぞれの地域からみたアジア共同体に対するさまざまな見方に触れることによって、読者一人ひとりに多様なアジア共同体像をもっていただくことを意図しています。そのことはまた、アジア共同体の異なるイメージを通してそれぞれの地域の特色を理解することにもつながります。

本書を通して、さまざまな角度からアジア共同体を考え、議論の幅が少しでも広がっていくとしたら、本書の刊行に携わったものとして望外の喜びであります。

最後にこのように有益な本書の刊行を可能にしていただいた一般財団法人ワンアジア財団（佐藤洋治理事長）と鄭俊坤首席研究員に御礼を申し上げます。また遅れがちな編集作業に辛抱強くお付き合いいただいた芦書房中山元春社長には心より感謝の意をお伝えしたいと思います。

編者　渡邊啓貴

もくじ

序　章　「アジア共同体」をめぐるアプローチ

本章では、アジア共同体を考える際の基礎的な見方を記しました。それは次章以降の具体的な議論のなかで、各章の執筆者が述べていることをまとめたものです。内容は大きく二つに分けることができます。最初に日本そしてアジアを取り巻く現在の国際情勢について記述します。つぎにアジア共同体を考える際にどのような切り口からアプローチする必要があるかを三つの節に分けてやや詳しくみていきます。それぞれ基本となる視点であると思いますが、詳しい点については各執筆者の記述を参照していただきたいと思います。

すでに「はしがき」で述べたように「アジア共同体」の見通しについては、今日のアジアの現状、「共同体」の定義、その目標をどこに置くのかということで考え方が異なります。しかし、アジア地域の平和を考えるなら、避けて通れない問題であります。

なお、アジア共同体の設立は困難である、あるいは必要ないという立場から、経済・技術交流に限定してアジアの統合・交流の活性化を考える執筆者もいます。経済などの機能的な分野での、アジアの協力を深めていくことに目標を限定しようというのです。その立場の一つの考え方は、主権論者の立場です。地域統合が国家主権を侵害するという懸念からのものです。そして国家主権をとても厳正に考える立場からの議論です。そうした立場の人たちの発想からすると、国家主権というのは、国民を外国の脅威から保護する権利です。したがって、関税や通貨発行のような国家の主権を喪失することは国家の存亡にかかわる話となります。EUの場合には、こうした国家の主権のあり方の変化を「主権の喪失」とはいわず、「主権の共有」という言葉で表現しています。いずれにせよ、アジア共同体に対するさまざまな立場からの議論にふれることでこの問題への関心と知識を深めていただければと思います。

1　アジアをめぐる国際情勢

アジア共同体構想をめぐる議論はわが国では今停滞しています。したがって、地域共同体の実現に向けた話だけではなく、なぜ地域共同体が必要なのかという点をめぐる議論も必要になってきます。その背景には日本を取り巻く事情があります。

一つは、東シナ海、南シナ海での島嶼をめぐる中国とのあいだの紛争があります。こうした領土をめぐる安全保障上の困難な問題があります。したがってアジア共同体の議論は今日とても進めにくいテーマとなっています。

その背景にはナショナリズムの台頭があります。例えば、中国は、中華民族の復興などのスローガンを掲げています。一部では日本もそのような指向があるとみられています。

第二に、新興国の台頭です。中国だけではなくて、インドやASEANの国々の急速な経済成長があります。中国の場合には二〇一〇年にGDPで日本を抜き、世界第二位になりました。それと同時に軍事力も大きくなっています。公式の統計によると、中国はGDPのかなりの割合（二・五%くらい）を軍事費に使っています。経済大国となった中国は軍事大国でもあるわけです。それに対して、アメリカは中国の安全保障上の脅威に対抗するために、軍事と経済の両方の関係を絡めた政策を展開しています。中国とアメリカの経済関係はだんだん中国に有利になっているという見方もあります。オバマ政権になってから、とくに「アメリカ衰退」についての議論が盛んになっています。

第三に、他方で自由貿易圏の拡大傾向もあります。それが経済統合を一層活性化させる可能性は高いと思います。TPP（環太平洋経済連携協定）、RCEP（地域包括的連携協定）、EAS（東アジアサミット）などは自由貿易を通して、アジアの経済的な結びつきを強めています。TPPは、もともとはシンガポールやニュージーランドなどの四カ国からなる自由貿易協定でしたが、二〇一〇年からアメリカがリーダーシップをとるようになりました。日本もこのパートナーになっています。

また、RCEP、EASですが、後者は二〇〇五年に発足したものです。二〇一一年からは、アメリカとロシアを加え、ASEAN＋8（ASEAN＋6にアメリカとロシアを加えたもの）の諸国が参加しています。

以上みたように、領土問題、ナショナリズムの台頭、アジアのパワーバランスの変化というアジア共同体形成を難しくする条件が大きくなっているのと同時に、その一方で経済的相互依存の高まりによる地域経済統合は次第に強化されつつあるといってもよいと思います。

このような状況にあるわけですが、ここで日本がとるべき立場を予め述べるならば、以下のようになると考えられます。

一つは日本がアジア太平洋のなかで仲介者となることができるかもしれないということです。不安定な安全保障環境のなかで、日本はＴＰＰのメンバーとなることを決めました。他方でＡＳＥＡＮ＋６の自由貿易協定のメンバーになる可能性もあります。日本はアジア太平洋のなかでＴＰＰ諸国とＡＳＥＡＮ＋３のあいだの橋渡し役をはたすことができるかもしれません。

しかし長期的にみると、アジアの共同体創造には安全保障関係の信頼を高めていく必要があります。日中間の衝突を回避するシステムを作っていくことも重要です。とくに非伝統的な安全保障分野での協力は今後ますます重要となります。ＨＡ・ＤＲ（人道支援／災害救援）などでは、日中を含めたアジア・太平洋全体の協力が必要になります。

また、人的交流や文化交流も盛んにすべきです。これは即効性はありませんが、長い目でみると相互理解を進めていくうえで重要になると思います。東アジアでは地域共同体はそう簡単には実現しないと考えられます。しかし、少しずつ実績を積み上げていくためにはやるべきことはたくさんあります。

2 「アジア共同体」実現のためのアプローチ①―ナショナリズム、リージョナリズム、グローバリズム―

こうした現実認識を前提にして、アジア共同体を考察するためにどのようなアプローチがあるでしょうか。

一つは地理領域的なアプローチです。そしてもう一つは分野別のアプローチです。いずれの場合においても、国家間の相互依存関係の深化とグローバリゼーションと呼ばれる一元化の動きと連動しています。また地理領域的な広がりと分野ごとの広がりは別々なものとしてではなく、相互に影響を与え合いながらともに発展していっているのが現実です。

第一に、地理領域的なアプローチですが、それは地域統合をめぐるナショナリズム、リージョナリズム、グローバリズムという三つの次元でのアプローチとなります。

まずナショナリズムです。「国家」という一定領域に住み、考え方や生活様式を共有する人たちが集まり、特定の利益関心を共有する国民国家ができます。それがまとまるときの共通の理念をナショナリズムということができます。しかし、運輸通信手段がどんどん発達し、ヒト・モノ・カネ・情報などが国境を越えて行き交うようになると、このナショナリズムはそれまでのような形では存在しえなくなります。相互依存関係が拡大し、それによって国家の枠を超えて経済・政治・文化の関係が強まっていきます。そしてお互いに得をするようになる。つまり「ウィン・ウィン・ゲーム」が成立するようになります。国益も再定義されねばなりません。ナショナリズムのあり方も従来とは違ったものになっていくのです。あるいはナショナリズムという言葉がもっている排他的なイメージが次第に薄らいでいくのが二一世紀の国際社会の大きな流れだと思います。

当面、アジアでは近隣諸国間の領土問題などでの摩擦がありますが、大きな歴史の流れからすると、経済的相互依存が進み、共有する観念・価値・行動様式が増えていくにつれてやはり偏狭なナショナリズムは克服されていく傾向にあると思います。

第二に、グローバリズムです。グローバリズムというのは、経済・物理的交流、情報、価値観などが一元化されることです。グローバリズムは世界の人々のスタンダード化＝基準化・一律化を促します。そして価値観や思考様式をより一層共有する傾向が世界的な規模で拡大していきます。それにはあらためていうまでもなく、通信・運輸・コミュニケーション手段の発達と拡大が大きな役割をはたしてきました。

第三に、このグローバリズムとナショナリズムの中間にある、地域ごとの相互依存関係にも注目しなければいけません。それがリージョナリズムの動きです。

このような状況のなかで、地域統合の動きが出てきているわけです。東アジア共同体構想をウォッチしていこう、見極めていこう、という団体が日本にもあります。その一つである日本国際フォーラム・東アジア共同体評議会は、『東アジア共同体白書　二〇一〇』を発行しました。

その本が出版された頃と比べて、今日は東アジア共同体構想に逆風が吹いています。あらためていうまでもなく、中国との尖閣諸島をめぐる緊張が強くなるなかで東アジア共同体は不可能であるし、その必要はないという議論が大きくなっているからです。

しかし、東アジア地域においてヒトやモノやカネや情報が国境を越えて行き交うリージョナリズムがすでにあることは、日・中・韓の紛争があるからといっても現実であります。それは人類の歴史の必然性がもたらしたものです。昨日今日、起こったことによって本質的な影響を受けるものではないからです。

3 「アジア共同体」実現のためのアプローチ②―経済、安全保障、価値での統合―

第二に地域統合を分野別の視角からみてみましょう。ここではっきりと数字や形で分かる次元で考えてみましょう。

ある地域をみるときにいくつかの問題分野があります。一つは経済、もう一つは安全保障の分野です。この二つの次元で地域を考えてみたいと思います。

地域共同体のイメージは人によって違います。ある人は経済だけに着目します。例えば、世界各地に地域経済共同体というものがあります。これは最終的には関税同盟や共通通貨を求めるものですが、名称にはコミュニティという言葉を使っています。しかし、共同体の在り方には違いがあります。地域によって経済的にあまり相互依存関係のないケースと、相互依存関係が蜜なケースがあります。自由貿易協定などのレジームが形成されている場合もあります。さらに、共通通貨、地域中央銀行などが設けられている場合もあります（これを経済同盟といいます）。

安全保障でも、安全保障共同体と呼ばれるものがあります。これはもともと一九五〇年代の末に、提唱された「不戦共同体」という概念にその根拠はあります。人間の世界ですから、いろいろな原因で紛争が起きます。しかし、その紛争の解決に軍事力を使うことはないという暗黙の了解がある、というのが安全保障共同体です。現実には、そのためには価値観や行動様式が一致した「我々感覚（we-feeling）」のような相互理解が前提とされます。もちろん、これは、地域の安全保障上の形態の一つで、ある地域をみるとき、そこに構造的な敵対的関係がある場合もあれば、それほど対立的ではない場合もあります。さらに、一つの道筋としてこのような対立関係から脱して安全保障のレジーム（国際制度）が作られ、最終的には多元的な安全保障共同体に至ることもあります。

価値や規範の分野についての統合は、ヨーロッパが典型的ですが、そこでの構成国はすべて民主主義の国であり、人権と基本的な価値についての規範が共有されています。これはあえていえば、価値・規範の共同体ということです。しかし、アジア地域共同体といったときに、価値・規範の統合を想定しているのだろうか、あるいはそれを実現可能な目標として設定することができるのか、が問題となります。将来的には価値・規範を共有するものとしてアジア共同体を想定することができますが、日本では現在多くの人たちはこうした価値・規範の面を含めたアジアの統合には非常に懐疑的です。

4　東アジア地域統合の現段階―制度、アイデンティティ―

東アジアの地域統合は実態としてどのようなもので、どのようなレベルに到達しているのでしょうか。欧州ではすでに欧州議会が成立して、欧州各国の住民によって直接選挙された代表が存在しています。また、ユーロという共通の通貨が発行されて、通貨同盟加盟国の国民はそれを使っています。そういった地域統合がヨーロッパでは着々と進んでいる現実があるわけですが、それでは東アジアにおいてはどのような地域統合の現実があるのでしょうか。

地域統合の発達度を測る物差しとしては制度・アイデンティティの二つが大切だと思います。そして、この二つの基準をみると、アジアにおける地域統合は結構進展しているところもあり、一方、ヨーロッパに比べるとなかなか克服できていない点もあります。

第一に制度についてです。「東アジアサミット」には現在ロシアとアメリカも入っています。「APEC」はアメリカとアジア・太平洋を含む経済圏構想、「ASEAN」は東南アジア諸国を中心とした経済協力会議ですが、「ASEAN＋3」「ASEAN＋10」と拡大し、その機能もAFTA（ASEAN自由貿易地域）という自由貿易地域など多様化しています。

しかし自由貿易圏から関税同盟、域内市場統合、通貨統合と進み、銀行同盟にまで至るヨーロッパの統合に比べると、アジアはそれよりはるかに低レベルで自由貿易地域、FTAを行っているという段階です。そしてそれがＴＰＰという形でアメリカ・太平洋にまで拡大していこうというのが現状です。

第二にアイデンティティの問題です。ヨーロッパ人がヨーロッパについてもっている連帯感・一体化の意識と、アジア人がアジアについてもっている分散されたバラバラな意識の違いについてはよく指摘されるところです。ヨーロッパ人は自分たち自身でヨーロッパという発想をもっていますが、アジア人は「自分たちはアジア人である」という共通のアイデンティティをもつに至っていません。

ヨーロッパの統合は有名な「ユーロペ伝説」からはじまってイスラム教徒との戦い、外界（外敵）の存在（アメリカ・アジアの隆盛）を通して次第に精神的な結束力を固めていった歴史的プロセスがあります。しかしアジアにはそうした歴史を共有する意識が希薄です。つまりアジアにはアイデンティティと呼ぶべきものがないのです。

初めてアジア人が自分たちを一つのまとまりある「アジア人」として意識したのは第一次大戦が終わったあとです。インドの詩人タゴールと岡倉天心が、一九二〇年代に「アジアは一つ」と提唱したときです。「アジア人」の歴史はこの一〇〇年のことにすぎません。簡単に「アジア共同体」「東アジア共同体」というような発想に至らないのは当然です。

このアジアでも地域統合が一挙に進んだようにみえたのは、一九九七年の東アジア経済危機のときです。タイのバーツが急落して、タイだけではなく多数の東アジア諸国が経済的な被害を受けました。このとき、東アジアの経済危機を救うために立ち上がったのが日本です。日本は、この経済危機を克服するためにチェンマイ・イニシアチブという金融制度の導入を提唱し、その実現に努めました。その前の例としては、一九八五年にプラザ合意が結ばれて、円高が急速に進んだときのことがあります。日本企業は日本国内でモノを作っても、輸出できないので、どんどん工場を東アジアの他の国々に移していきました。その結果として、一九七〇年代にまずＮＩＥＳ（新興工業経済地域）といわれた台湾、香港、シンガポールでの工業や経済発展を助けることになります。一九八〇年代に入るとそれがタイやインドネシアなどのＡＳＥＡＮ諸国へ広がり、一九九〇年代に入ると中国に工場が建てられるようになり、さらに二〇〇〇年代に入ってからは、ＡＳＥＡＮのなかでは後進諸国であるベトナム、ラオス、カンボジアといった国々にも日本の企業が進出するようになりました。その結果として地域統合が大きく進むことになります。またこのことを背景として東アジア共同体の可能性が議論されるようになってきたわけです。

こうして、東アジアにおいても人々が次第に共通の連帯感、同族意識、そしてアイデンティティをもつようになってきていることに注目したいと思います。東京などでも、電車で隣に座っている日本人としか思えない若い人が突然中国語や韓国語を使ってもあまり驚かない時代になってきました。見かけや動作の違いは目にみえて少なくなっています。そのようなことからも、われわれアジア人は今ようやく同じようなアイデンティティをもつようになってきているといえるのかもしれません。「東アジア人」という意識はまだ生まれていませんが、とくに中産階級の若い人たちを中心として、共通の似通った価値観をもつ人たちが増えてきていることは否定できないでしょう。

私はこうした点に大いに期待したいと思います。J-POPやK-POPのファンは世界に多くいますし、アジアでも人気が高まっています。私の研究室にもそうした日本文化に興味をもつ学生がアジアの国々から集まってきています。これはとても重要なことだと考えています。

結局、こうしたアイデンティティを共有するつながり、国際的な地域統合社会、いわば理念的国際共同体をいかにして創造していくのかが大きなテーマになると考えられます。経済や技術交流など機能主義的に統合を少しずつ進めていくことがとても重要なことは確かです。最終的にはこの理念の問題に行き着くと思います。

現実には地域統合は進んでいて、広義にはすでに存在しており、われわれはそのなかで生きています。その現実をみる必要があります。この統合という現象は、何も地域だけでなく、全世界規模で進んでいるものでもあります。それはグローバル・インテグレーションということができます。第一次世界大戦が勃発して一〇〇年が経ちます。この世界大戦を契機に世界はグローバル化の勢いを加速化します。国際連盟に代表される安全保障・軍縮、国際経済会議、イデオロギーの普及やナショナリズムの多様化などは今日のグローバル・イシューのはじまりといえます。当然、そうしたなかで一定のレベルでの地域内での協力や統合化が進むことになります。インターネットに代表される情報分野での広範囲に及ぶハイスピードのグローバル化・一元化を眼前にしてそれは至極当然なことです。来るべき時代への重要な対応の一つとしてアジアの統合＝共同体について考えていきたいと思います。

（渡邊啓貴）

第1章　東アジア共同体構想と日本の立場
―東アジア共同体は可能か、必要か―

1　理念としての東アジア共同体

皆さんおはようございます。東京外国語大学といえば、日本の対外関係・国際問題・外交問題をリードしてきた大学であり、外交・国際問題などでは最初に考える大学であります。そのような大学で直接若い皆さんに東アジア共同体の話ができることを大変光栄に思っております。

東アジア共同体あるいはアジア共同体とはどういうものなのかということの詳細につきましては、次の回から十数名の専門家の方がお話をされると思いますが、私はむしろその前にどういう問題意識でこの問題を考えるべきなのかという入り口のようなことをお話しさせていただきたいと思います。これは実は非常に重要なことであり、素通りしていきなり本論に入ってしまうと、あとで問題意識をもったときに整理が大変になるということをあらかじめ想定して申し上げておきます。今日、私は東アジア共同体の話をしようと思っているのですが、まだ東アジア共同体というものは存在していませんから正確にいうと「東アジア共同体構想」ですね。「構想」について語るということだと思って話を聞いてください。

東アジア共同体構想についてわれわれは何を研究するのかというと、私がみるところ問題は二つあります。一つは東アジア共同体構想というものは可能なのか、不可能なのかという質問です。不可能な話であれば、そもそも議論する必要がないかもしれない。もう一つは、可能であるとしてもそんなものが必要なのかという議論があり得ます。そういうなかで、いや必要なのだということになれば、じゃあ研究しようということにつながるわけです。

まず、何について可能だとか不可能だとかいっているのか。つまり東アジア共同体構想についていっているわけですね。そうすると東アジアとはどういう地域を頭においていっているのか、地理的な範囲をはっきりさせなければ話に入ることはできませんよね。まず肝心要の日本は入っているのか入ってないのか。中国は入っているのか。そういった何について、ということを明らかにしなければ、話は進んでいかないわけです。必要かという問題意識についても、誰にとって必要か必要でないか、という質問が発生します。ある人にとっては必要かもしれないけれど、他の人にとっては必要でないかもしれない。これは誰にとって、ということを明らかにしないと問題に答えることができない性質の問題であります。ということで、この東アジア共同体構想について語るとすると、それは可能か、必要か、可能な場合は何が可能だといっているのか、必要な場合は誰にとって必要だといっているのかを明らかにする必要があるのです。

ここで一つ、これは必要なことですので触れたいと思う点があります。理念とか構想というものについては、理念的絶対的概念と現実的相対的概念を区別して、今使っている言葉の意味はどちらの意味なのかということを頭の中で整理して進めないと議論は混乱します。どういうことかというと、これは古代ギリシャ哲学のところで必ず挙がってくる問題で、プラトンやアリストテレスとかが指摘していることです。ちょっと皆さんに質問しますね。私が今黒板に何やら書きました。伊藤が黒板に書いたのは三角形であると思う人、手を挙げてください。三角形ではないと思う人、手を挙げてください。模範的な解答をいいますと、これは三角形でもあり、三角形でもない。さらに具体的にいいますと、三角形というものは平面上、二次元の世界において三点を結ぶ直線によって構成された形である。理念的絶対的な三角形というのを幾何学のなかで考えたとき、三点で構成されるが、点には面積がない。線には幅がない。だからその定義を踏まえると、この黒板に私が書いた三角形は、まず直線じゃないし、歪んでいるし、線に幅があるし、点に面積がある。これは理念的絶対的には三角形といえない。しかし、実際には三角形はこういうものとして認識されているわけですね。でも微細な世界に入って、例えば宇宙船の設計図を作るというような話になってきたら、こんな曖昧でいい加減な概念じゃ、宇宙船の設計はできないですね。理念的絶対的な三角形というものが頭の中にきちっとできあがっているから、宇宙船の設計もできるし、ありとあらゆる高等数学の理論がさらにその基礎の上に展開できるわけです。何を申し上げたいかというと、概念というものは、われわれは普通、現実的相対的なもので考えているのだけれども、本当に厳密に考えようとすれば、理念的絶対的なものとして把握し直さないと通用しない、ということです。

これを東アジア共同体論に引き寄せて考えると、どういうことになるか。東アジア共同体構想というものを可能か必要かと議論していくときに、それ自体が曖昧なものとして現実的相対的な議論だけでは答えにならなくなってしまうわけですね。そこで理念的絶対的な定義をしなければならない。ちなみに現実的相対的な東アジア共同体論は次の回からの先生たちがあらゆる面から説明してくれると思いますが、それらはあくまで現実的相対的なものにすぎない。そこで私の序論では、理念的絶対的な東アジア共同体構想というものは、それ自体の論理に基づいて構築しなければ理解できるものではないということを述べたいと思います。

2　人類の進歩と運命共同体

ここまでは第一幕ということで、ここから第二幕目の話をします。人類の歴史をみると、人類は二〇万年くらい前にアフリカ大陸で発生誕生したといわれております。それらが現代の六〇億人の人類になってきたことについては、人類の進歩の歴史が達成した成果なわけですが、この進歩の要因は何だったのでしょうか。昨日のように今日を生きて、今日のように明日を生きて、それを際限もなく繰り返していれば、人類は最初の姿のまま何十万年たっても変わらないはずですが、実際には人類はものすごい変化と進歩を遂げてきていますね。なぜそういうことになったのか。去年と比べた今年、今年と比べた来年が違うのは、進歩という要因がどこかで構造的に人類の社会のなかに組み込まれてきたからです。進歩とは一体何なのかといいますと、結局は人類の知識や技術の進歩なのです。いったん知ったものは失われることなく次の知恵の土台になって、科学であるとか技術というものが進歩のエンジンになっている、ということをわれわれは注目する必要があるのです。

それは具体的にどういうものになって現れてくるか。例えば石器時代の人間が作ることのできる社会というのはせいぜい一〇〇人程度の大きさでした。それが食料を求めて移動するなかで旧石器時代の文化文明というものが形成され発展されてきたわけです。人類が発展させたもののなかで、とくに重要なのは、ヒト・モノ・カネ・情報を運び伝える運輸通信手段です。運輸通信手段の発達というものが、急速に距離を短縮し、ヒトとかモノとかカネとか情報の伝達を促したわけです。そのなかで世界はどんどん小さなものになりました。日本人の生き方でいうと、明治維新までの日本人というのは、帰属意識としては、武士であれば自分は薩摩藩あるいは長州藩の人間であるというような藩の程度の広がりしかもっていませんでしたが、明治維新のあと日清戦争や日露戦争で近隣の中国やロシアと接点をもつことによって、日本人という意識をもつようになった。このように人間の帰属意識の対象となる地域の広がりは、進歩の成果として広まっていった。それを可能にしたのが運輸通信手段の発達だといえるわけです。

なぜそんな話をしたかというと、東アジア共同体は必要かというときに、自分たちにとって必要かということをわれわれは議論しなければならないし、しているということなのです。自分たちって誰なのだろうということですね。明治維新の前までは、先ほどいったように日本人の、とくに武士の認識では、自分たちというのは藩の域を出ていなかったと思いますね。しかし近代日本に入って、人々は日本人という意識をもち、すべての問題について、それは日本人にとって良いことか悪いことかというような問題の立て方をするようになりました。これは現段階において世界の大部分の国においてそうなのであって、日本だけに限らないと思います。中国人に東アジア共同体は必要かと聞けば、彼らもそれは中国人にとって良い話なのか悪い話なのかという角度から考えるであろうことは容易に想像のつくことです。

そういうなかで、やはり進歩という現象が最先端の発達を遂げている地域としてヨーロッパがありますから、われわれが東アジア共同体について議論するときも、ヨーロッパの経験を探ることになるわけです。ヨーロッパにおいてはドイツとフランスが普仏戦争、第一次大戦、第二次大戦と三度にわたって国を挙げて殺し合う殲滅戦を展開したわけですね。しかし、その経験を経て第二次大戦後、独仏は再び戦うべきではないと、むしろ手を取り合ってドイツのためフランスのためではなく、ヨーロッパのためという発想・考え方をすべきであるとなったのです。したがって、ヨーロッパで世論調査を行って、「貴方は自分を何人だと思いますか」と質問をすると、結構、「自分はヨーロッパ人である」という返事をする人がいるようです。これはいくつかの世論調査にそういう数字が出ております。ということは、ドイツ人、フランス人にとって「自分たち」というときの「自分たち」はドイツ人、フランス人というだけではなくて、ヨーロッパ人という考え方も台頭してきているということを示しているわけです。

どうしてそういう現象が起こってくるかというと、「自分たち」というのは「運命共同体を構成する仲間」という意味ですが、そういう意識をもつことに関して、ここで触れておきたいことがあります。それは三つのイズムです。イズムは、日本語では主義と訳しますけども、これはむしろ生活意識あるいは運命共同体意識といっていいでしょう。「自分」というとき、それは仲間を含めて「自分たち」と置き換えられます。その自分たちというのは、とくに第二次大戦以前の人類の発展段階においては圧倒的にナショナリズムでした。つまり日本人にとって、あるいはドイツ人にとって、良いか悪いかというのがすべてであって、「運命共同体＝ネイションである」という認識のもとにおいて、「国益こそがすべてである」という考えでした。しかし、運輸通信手段がどんどん発達し、ヒト・モノ・カネ・情報などが国境を越えて行き交うようになってくると、この国益というものが、今までのような古典的な理解では本当の国益にならない。ヒト・モノ・カネが行き来することで経済的な相互依存関係が拡大し、それによって経済的な繁栄を共有することができる、という事実を踏まえて、国益を再定義するようになってきたのが啓蒙的国益という概念であります。

3　リージョナリズムとグローバリズム

この概念に影響を与えているのは何か？　その一つがグローバリズムです。グローバリズムというのは、世界が一つになり国境を越えてヒトやモノが行き来することで、今まで不可能だった経済的な相互依存が現実のものとなることです。これを実現するために、貿易の分野でいえばＷＴＯ（世界貿易機関）というものが作られ、金融部門では世銀、ＩＭＦといったものが作られました。次に、このグローバリズムとナショナリズムの中間にある、地域ごとの相互依存関係というものも注目しなければいけない、ということで、リージョナリズムの動きが出てきているわけです。

さて、東アジア共同体構想は可能かという質問に立ち戻ってみたいと思います。先ほど渡邊先生からご紹介いただきましたように、東アジア共同体評議会という、学者、有識者だけではなく、政治家、官僚、財界人も含めて、みんなで東アジア共同体構想をウォッチしていこう、見極めていこう、という団体がございますが、そこから一昨年こういう本を出しました。『東アジア共同体白書 二〇一〇』です。これは二〇一〇年の時点で東アジア共同体構想について、東アジア共同体は可能か必要かという問題を立てて、みんなで議論した成果をまとめたものです。この本を出したのが二年前ですが、その頃と比べてその二年後の今日、東アジア共同体構想については大逆風が吹いています。私などはその東アジア共同体構想を勉強しようじゃないかという声の中心におりますので、風当たりも人より強いものがあります。なぜ逆風かというと、これは皆さんも新聞やテレビでご存じのとおり、中国との尖閣諸島をめぐる問題のなかで、東アジア共同体などという話は不可能である、必要でないという議論になって跳ね返ってきているからです。しかし、東アジア地域においてヒトやモノやカネや情報が、国境を越えて行き交うリージョナリズムの現実がすでにあることは、尖閣諸島問題があったからといって何ら変わるものではなく、今日も続いています。それは人類の歴史の必然性がもたらしたものであって、昨日今日、尖閣諸島で起こったことによって、本質的な影響を受けるべきものではないわけだからです。

さて、話を共同体そのものの中身に進めてみたいと思います。ここでいう共同体というのは、実は理念的な共同体なのであって、議論するときには理念的な三角形と同じ位置を占めるもので、現実的共同体とは区別する必要があります。現実にはわれわれがみて論じているのは、共同体とは似ても似つかぬ地域統合といわれる実態であります。英語でリージョナル・インテグレーションといいますが、われわれが共同体は可能だとか不可能だとかいっているときに、それは理念としての共同体についていっていることで、現実には地域統合というものが存在してわれわれはそのなかで生きている、という現実をみる必要があるわけです。この統合という現象は、何も地域だけじゃなくて、全世界規模で進んでいることであって、これはグローバル・インテグレーションということができるかと思います。

第一次世界大戦が大変悲惨な結果を人類にもたらし、第二次大戦はさらに広島・長崎への原子爆弾投下をもたらしました。人類はこんなことを繰り返しているわけにはいきません。戦い憎しみ合うのではなく、世界を統合しなければいけないという考え方が出てきて、国際連合という形に結実し、WTOや世銀、IMFなどが生まれました。現実は国連という形でわれわれの眼の前にあるわけですが、理念的には国連じゃなくて、各国がすべてその主権を譲り渡した世界政府のようなものを作ることが、この統合の論理の理念なわけです。現実にはこういう世界政府というものはまったく夢物語であるといわれますが、眼の前にある国連もそれなりに人類の進歩の過程に対応した制度として、現実としての姿を表しているということに注目する必要があるのだろうと思うのです。

同じことが地域統合についてもいえます。ヨーロッパにおいてはEUという形でそれは現実のものとなり、さらに理念として欧州共同体というものを抱えて進んでいるというわけです。そういうなかで、東アジアにおいて共同体というのは「非現実的である」として批判されることが多いわけですが、みなが批判しているのは実はその理念であって、その現実ではありません。東アジアにおける共同体の現実は何か、それは地域統合の実態を問うことになるわけですが、それはどのようなものであるのかについて、最後に話してみたいと思います。

4　現実としての東アジア共同体

したがって、ここでは「東アジア共同体」という言葉は使いません。使う言葉は「東アジア地域統合」という言葉です。東アジアの地域統合は実態としてどのようなもので、どのようなレベルに到達しているのか。欧州ではすでに欧州議会というものが成立して、欧州各国の住民によって直接選挙された代表が存在しています。また、ユーロという共通の通貨が発行されて、各国は国民を含めてそれを使っています。そういった地域統合がヨーロッパにおいて着々と進んでいる現実があるわけですが、それでは東アジアにおいてはどのような地域統合の現実があるのでしょうか。それを測る手段として三つの基準があります。

地域統合の発達度を測る物差しとして制度・市場・アイデンティティの三つが大切だと思います。そして、この三つの基準をみてみると、アジアにおける地域統合も結構進展してきている、とみてとることができます。ここで一つ余談というかエピソードを紹介したいと思います。それは、ヨーロッパ人がヨーロッパについてもっている意識と、アジア人がアジアについてもっている意識の最大の違いについてです。ヨーロッパ人は自分たちの発想として、ヨーロッパという発想をもって「きた」し、もって「いる」のに対して、アジア人は最後まで「自分たちはアジア人である」という共通のアイデンティティをもつことができなかったという話です。

ギリシャ神話に、エウロペというフェニキアの王女の話が出てきます。ある日エウロペが海辺で浜遊びをしていると、空の上から見下ろしていたゼウスという神様が大変気に入ったのです。ゼウスは白い牛に化けて天空からその海辺に降りて行き、自分の背中にエウロペを乗せて西方のクレタ島へ連れ去ってしまったのです。もちろんフェニキアの王様や兄の王子は怒って、取り返すために戦争をしたりするのですが、ゼウスは返さない。結局、エウロペはゼウスの子どもを三人産んで、というような物語がギリシャ神話のなかにあるのですが、この神話を根拠としてヨーロッパ人は自分たちにヨーロッパという名前をつけているのです。つまり、ヨーロッパという言葉はエウロペから来ているのですね。それで、また勝手な解釈をつけている。エウロペは、アジアという閉鎖的、独裁的で停滞した世界から逃れて、自由を求めてクレタ島へ逃げたというのです。クレタ島というのは古代ギリシャ世界の一部なわけです。彼らは自分たちはアジア的な抑圧と停滞と独裁から逃れて、ヨーロッパという自由で開放的な世界を創ったのだという解釈です。この解釈がヨーロッパ人の共通のアイデンティティになっている、というわけです。

話がまた変わるのですが、私は日本の学校を出たあと、アメリカのハーバード大学で勉強したのですが、ハーバード大学ではリーディング・アサインメントというものが出されました。これは毎日次の日までに読んでくる本のリストで、本の名前だけでも三ページくらい書いてあります。毎晩、図書館にこもって読むのに苦労したものですけれども、今にして思い返してみると、読ませられたほとんどすべての本を一貫して貫いていたモチーフは、「アジアは閉鎖的、独裁的で停滞しているが、ヨーロッパは開放的で、自由で、進歩的だ」というモチーフでした。

5　アジア人としてのアイデンティティ

何をいいたいかというと、ヨーロッパ人にとってヨーロッパというまとまりの共通のアイデンティティは「自由」なのです。ヨーロッパ人が民主主義の下に結集した人たちであるのに対して、アジア人はそうではないという、アジアを見下した世界観です。ところで、ヨーロッパという言葉はヨーロッパ人が自分で選んでつけた名前なのですが、アジア人は自分たちのことをアジア人だといったことはある時点まで一度もありませんでした。ヨーロッパ人が「かれらはアジア人だ」と呼んでいただけです。最初はギリシャから西を「ヨーロッパ」といって、それ以外をすべて「アジア」と呼んでいたわけですね。そのうちアフリカが「アフリカ」と呼ばれるようになって、その代わりにインドや中国や日本がアジアのなかに含められるようになりました。他方、アジアでは、中国人は中国が世界の中心だと思い、インド人もそう思い、日本人もそう思って、ばらばらの存在として中国人、インド人、日本人はあったけれども、アジア人という共通の意識はなかったのです。初めてアジア人が「自分たちはアジア人なのだ」という意識を打ち出したのは第一次大戦が終わったあとの一九二〇年代に、インドの詩人タゴールと日本の画家岡倉天心が「アジアは一つ」という言葉を口にしたときです。アジア人の歴史はそのようにたどたどしいものであるために、なかなか「アジア共同体」、「東アジア共同体」というようなものを着想し、手にするところまでは進みかねていたわけです。

そういうなかで話は戻りますが、このアジアでも地域統合が一挙に進んだのは、一九九七年の東アジア経済危機のときです。このときにインドネシアでは、スハルト政権が崩壊するという政治的大事件が起こり、タイのバーツも急落して、タイだけではなく多数の東アジア諸国が経済的に大きな困難に見舞われました。このとき、東アジアの経済危機を救うために立ち上がったのが、わが日本だったのです。日本は、この一九九七年の経済危機を克服するためにチェンマイ・イニシアチブという金融制度の導入のイニシアチブをとったことで知られています。東アジアについては、その前に一九八五年にプラザ合意という合意が結ばれて、日本の円高が急速に進んだために、日本企業は日本国内で工場を操業し、モノを作っても、輸出することができず、そこで、どんどん工場を東アジアの他の国々に移していったわけです。その結果として、一九七〇年代にまずＮＩＥＳ（新興工業経済地域）といわれた台湾、香港、シンガポールで工業や経済発展を結果的に助けることになり、一九八〇年代に入るとそれがタイやインドネシアなどのＡＳＥＡＮ諸国へ広がり、一九九〇年代に入ると中国に工場が建てられるようになり、さらに二〇〇〇年代に入ってからは、ＡＳＥＡＮのなかでは後進諸国であるベトナム、ラオス、カンボジアといった国々にも日本の企業が進出するようになって、結果として地域統合が大きく進むことになり、またそれを背景として東アジア共同体の可能性が議論されるようになってきたわけです。

またもう一つ、その結果として、東アジアにおいても人々が次第に共通のアイデンティティをもつようになってきていることにも注目したいと思います。東京などでも、電車で隣に座っている日本人だとしか思われない若い子が突然中国語で喋り始めて、「あ、中国人なのか」とびっくりするようなことが起こっていますが、われわれアジア人は今ようやく同じようなアイデンティティをもつようになってきているといえるのかもしれません。「東アジア人」という意識はまだ生まれていませんけれども、とくに中産階級の若い人たちを中心として、共通の似通った価値観をもつ人たちが増えてきていることは否定できないのではないでしょうか。

時間ですので、最後に一言でまとめることに致します。今回、「東アジア共同体構想と日本の立場」というテーマを頂戴したわけでありますが、日本の立場ということを考えるときには、われわれは古典的な国益ではなくて、啓蒙的な国益の観点から、広い視野で世界の動きをみつめていく必要があると思います。どうも長時間ありがとうございました。

（伊藤憲一）

第2章　いま、なぜアジア共同体なのか

1　ワンアジア財団について

　ワンアジア財団の目的は非常にシンプルで、アジア共同体の創成に寄与する、ということです。したがって、財団が前面に出て、活動をすることはありません。アジア共同体に関する講座開設をサポートすることが主な活動なのです。アジア共同体の創成に寄与するという財団の目的を実践していくうえで、活動に三つの原則を設けています。まず、国籍や民族を問わないこと、第二に宗教や思想、信仰を拘束しないこと、そして第三に政治に介入しないこと。この三つは活動を行っていくうえで非常に重要なことです。財団の現在の主な活動は、各大学におけるアジア共同体の講座開設を支援することですが、現在、東京外国語大学と同じようにアジア共同体講義を行っている、あるいは準備中の大学は実に一七五大学に及んでいます。財団が講座開設に対してお願いすることは、単位が認められる正規の科目であること、オムニバス形式で講義を行うことで、これを重視しています。一般に一つの

科目に対して一人の先生が講義を行うことが多いのですが、それではアジア共同体について多様な視点から講義することが難しいのです。アジアという社会は政治や経済といった視点だけではなく、文化や歴史や芸術、そして教育など、あらゆる視点からアプローチしない限り、理解することが難しいのです。財団がこの活動を始めてまだわずか二年半ほどですが、もう既にアジアの二四の国、一七五の大学にこの講座が広がっています。そこにはいくつかの理由が考えられます。第一に、財団のパートナーである各大学の教授のみなさんは国・地域を越えて、これから世界が進むべき方向についての先見的な時代認識と情熱をもっているため、この講座を積極的に受け入れようとします。第二に、これは市民社会の活動にとって非常に重要な視点ですが、ワンアジア財団が純粋な民間の非営利団体であることです。財団は国や企業から一切支援を受けていません。だからといって会員からお金を集めたりもしません。政治や宗教といった背景もありません。財政的に独立し、国や団体に拘束されることなく、自由でニュートラルな立場にあります。助成申請時のシラバス作成も大学が自由に行っていますす。厳しい条件をつけず、つまり大学のカラーに合わせた形で自由に授業ができるように助成を行っているのです。第三は、授業を受けた学生や教員からの評価が高いことです。多くの大学で、最も人気のある授業がアジア共同体論だそうです。ある大学では受講者が多すぎて、入り切れずに廊下に座って授業を聞く学生が出たそうです。この三つが講座を持続可能なものにして、アジアの各大学に広がった理由といえます。ここまでは、ワンアジア財団が行っている活動の概略を紹介しました。

2　アジア共同体と国民国家

では残りの時間で、みなさんとアジア共同体について考えてみたいと思います。実は、アジアの各大学で講義を行ったときに、アジア共同体が形成されることによって一体自分の国はどうなるのか、と心配する学生がいたのです。しかし、アジア共同体を形成するからといって、国がなくなるわけではありません。国の役割・あり方というものは時代と状況の変化とともに変わっていかなければならないのです。

アジアの国々は長い間、国民国家というものを形成してきました。近代国民国家を形成するうえで、その構成をもたらす要素がいくつかあります。まずは正統性の原理として民主主義です。つまり主権者である国民が参加しているということです。もう一つは、組織の原理としての自由主義です。しかし、それだけでは近代国民国家は成り立ちません。それを心理的に統合して一つにまとめるためには、ナショナリズムというものが必要だったのです。国家単位でのナショナリズム、ある意味では国民化というものです。フランスでも一つの国民を形成するのに二〇〇年以上かかったといわれます。国民を統合するためには、人々を心理的、文化的、歴史的に、また言語を共有しながらまとめていくことが非常に重要だったのです。しかし、この国民国家の形成過程では、他者を排除する論理も生じます。民族や国という壁のなかから他者を判断し、排除することです。

おそらく日本に来る前、私自身の日本への見方はいまとは違っていたと思います。日本に来て実際に日本人と交流して、日本への認識が変わったことは間違いありません。新しい経験と新しい関係の形成によってアイデンティティも変わる。みなさんもおそらく同じでしょう。みなさんが聞いている多くの情報は日本語というチャンネルを通して得たものかもしれません。あるいは日本という文化や歴史の視点から考えたり、判断して行動していることでしょう。文化から自由になることは難しく、国の壁はなかなか越えられないのです。

3 アジア共同体についての二つのアプローチ

アジア共同体を考える際には二つのアプローチが考えられます。まず構造機能的なアプローチです。すなわち、政治・経済・安全保障・エネルギーなど、国家単位から物事をみて、どうすればお互いにメリットがあって国益につなげていけるかというアプローチです。そこでは国家が重要なファクターとなります。このような制度的・システム的問題を解決しない限りは、国家間で地域を統合することは困難です。しかし、ここでは個人の役割や存在はなかなかみえてこない。具体的に個人としての視点がみえてこない。そこで必要となるのが、もう一つの視点です。内面的な壁をどのように乗り越えられるか、いわゆる社会・文化・教育の視点からのアプローチです。これは個人に焦点をあてたアプローチといえます。

二〇一二年に財団が支援した研究プロジェクトのなかで、アジア五か国（日本、中国、韓国、インド、インドネシア）とアメリカの主に西海岸にある大学でアジアからの留学生を中心に一四四一人の大学生にアンケート調査を行いました。専門の研究者ではなく、学生がいま考えているアジア共同体について質問をしたのです。アジア共同体は実現可能か、また必要性があるのか、もしそれが必要とすれば、どういう統合のアプローチ方法がベターだと思うか、という質問です。非常に面白い結果が出ました。実現の可能性があると回答したのは三四％で、必要性を感じていると答えたのは五五％でした。そして統合のために最も必要な方法としては社会、文化、教育からのアプローチを挙げています。最も多かった答えは、青少年の人的交流を拡大することがアジア共同体の実現につながっていくという考えでした。二番目に多かった回答は、教育を通じてのアプローチです。これは中国の学生の答えに特に多く、人的交流については韓国の学生の答えが多かったのです。三番目は文化交流がアジア共同体の形成につながる可能性が高い、という意見です。これは日本の学生の答えが多かった。これら三つの答えはまさに社会、文化、教育からのアプローチです。四番目は政府の意志が重要である、というもの、これはインドやインドネシアの学生に多くみられた回答です。

いま、政治的アプローチは、尖閣諸島や竹島などの領土問題にみられるように、なかなか前に進むことができません。経済問題も同じです。その国にとってどういうメリットがあるのか、または相互の利益よりはまず自国の利益を考えるのです。しかし、人との交流による相互理解は後戻りすることがありません。それどころかさらにそのことによって政治、経済さらには社会をも変えていくことができるのです。そういう意味で、社会、文化、教育のアプローチは、時間がかかりますが最も重要で確かなアプローチだと思います。

学問において自分自身との具体的なつながりがない研究は楽しみもなくて深まらないでしょう。例えばグローバリゼーションというものが自分とあまりかかわりがないと考えると、学問的探究のヒントがなかなか浮かんでこないのです。研究者は、現実と自分の問題意識をつなげていかなければならない。今日もそういう意味で、個人的な経験を踏まえてアジア共同体について話をしてみたいと思います。

4　制度的壁と内面的壁という二つの壁について

私は、韓国で生まれ育ち、韓国で教育を受けてきました。いまでは既に韓国で生活した時間よりも日本で生活した時間のほうが長くなりました。人間はどのような経験や知識、情報を受けるかによって、また文化、環境、関係の変化によって自分のアイデンティティが変わっていきます。生まれた当時のアイデンティティが生涯続くことはありません。色々な経験や新しい関係の形成によって、変わっていくのです。私も韓国や日本について以前と違った視点がみえてきています。またここ数年アジア中を飛び回っていることで、自分とアジアとの関係が変わってきています。私には、みなさんと同じ大学三年生の息子がいます。彼は日本で生まれ育ち、日本の文化、食べ物、言語、メディアと接しながら成長しました。家のなかでは韓国文化を経験し韓国語を話します。しかし、彼が受けた教育はすべてアメリカの教育です。文化的な意味では彼のアイデンティティ形成に最も影響を与えたのは日本です。ナショナリティという意味では、韓国です。しかし教育という意味で彼のアイデンティティ形成に最も影響を与えたのはアメリカの教育です。彼は、小学一年から高校までアメリカンスクールで英語で授業を受けています。現在はアメリカの大学で教育を受けています。彼は二〇一一年に東日本大震災が発生したときに、日本への支援活動のために韓国人の集まる大学のサークルに行きました。そのとき、出身を聞かれたそうです。彼は日本から来た韓国人だと説明しました。もちろん言葉も韓国人と全く同じに話します。しかしみんなが自分をみる目に、何か違うと思わせる壁を感じたそうです。その後彼は、日本人が多くを占める大学生のサークルに参加しました。そこではどこの国の人かと聞かれたそうです。韓国人だけど、日本から来た、と彼は説明しました。そして、そこでもみえない壁を感じたのです。ここにも自分の居場所はない。次に欧米人が集まっているコーラスとかスポーツなどのクラブに行きました。そこでは文化だけではなくアジア人という外見から様々な面で壁を感じてしまった。本来、真理を探究する大学において、制度的には何の壁もなく自由に形成されているサークル内でさえもみえない壁がある。自分にとってのアイデンティティは何なのか、文化なのか国籍なのか人種なのか、しかし、そのどれであっても壁を感じる、と非常に悩ましいことが彼に起こったわけです。そんななか、私は、二〇一二年に中央アジアのキルギスとカザフスタンの大学に授業に行きました。アジア共同体論の授業は、非常に多くの学生が受講していました。学生は顔をみる限りではどこの国の人であるのか全くわからない多様な人種で構成されていました。みなさんと全く同じような顔をしている学生もいれば、金髪の欧米風の学生もいました。まさにシルクロードの中心にあるキルギスです。授業後に二〇人ぐらいの先生が参加して懇親会を開き、そこでは自己紹介をしながら乾杯していくのですが、最初にある先生が「私は歴史学を教えている純粋なロシア人のだれだれです」と紹介をしました。次の先生は、「私の父親はポーランド人、母親は高麗人で政治学を教えています」、また次の先生は「ドイツ人の母とキルギス人の父……」こういう紹介が延々と続くのです。私はそのとき思いました。そこにいる先生たちは国、民族に対して全く壁を感じていない。自由に、笑いながら自分のルーツを紹介していました。カザフスタンでも同じように自己紹介のなかで自分のルーツについて話していました。キルギスは八〇以上の民族が共存している多民族国家です。カザフスタンも一三一の民族が共存している多民族国家です。インドネシアも四九〇の民族が共存して国家を形成しています。国や民族という壁を感じさせないこれらのアジアの国々は、日本に学べ、韓国に学べと、制度的な民主主義や資本主義を定着させようとしています。しかし、私はそこで逆のことを感じたのです。確かに制度的な面では日本も韓国も進んでいるかもしれない。しかし他の国、多民族に対するみえない心の壁は、日本や韓国のほうが高いと感じました。このような壁を卒業しない限り、アジア共同体形成は難しいでしょう。文明としての制度的統合だけでは無理なのです。なぜそこに異民族というみえない壁を設けているのか。人類は国民国家の形成過程のなかでそのような壁をつくってきました。言葉が違う者、文化が違う者、国籍が違う者を排除するような。アジア共同体の形成はそれを卒業していくことから始める必要があります。アジア共同体というのは単なる制度的な統合だけを意味するものではないのです。グローバリゼーションによって、モノや情報の移動は自由にできるようになりました。しかし、人々の移動に対しては逆に厳しく対応するようになっています。国境を越えるのに指紋を押したり、目の瞳孔を調べたり。モノは注文したらすぐに配達されますが、人の移動に対しては厳しい制限があり自由に移動できないのです。

5　人々の移動と閉鎖的社会文化という壁

いまグローバリゼーションのなかで、人の移動には二つの種類があります。まずは、政治的な迫害や経済的貧困から逃れるために国境を越えざるを得ない人々の移動。もう一つは、才能や能力・技術、また富がある人々の移動。彼らは、国を選んで国境を越えることができます。国境を越える人々には二種類あるといいましたが、自分の祖国以外で生活している人は一九九〇年代に八〇〇〇万人だったのが一九九〇年代後半になると一億二〇〇〇万人、二〇〇五年には一億九〇〇〇万人、現在ではおそらく三億人以上になっているでしょう。二〇五〇年には地球上の約七％以上が自分の生まれた国以外で生活するだろうと予想されています。アメリカやスイス、ルクセンブルクなど多民族で共存している国のほうが、全体的に多様なものを受け入れることによって社会に活気があふれています。ソウル（四・〇％）や東京（三・九％）は外国人比率が非常に低い。なぜか外国人比率の低い国である日本、韓国、イタリア、スペインなどは、共通して少子、高齢化問題や深刻な人口減少問題を抱えています。これについてはさらに研究する必要があります。

東京外国語大学のみなさんは、知識と才能をもっているがゆえに、アジアだけではなく世界を舞台に自由に国境を越え活動する人々になるでしょう。最近では、学問の世界だけでなく科学者にも国境がなくなりつつあります。科学者は、将来自分の能力が発揮できて家族と住みやすい環境を選んでいくのですが、アメリカなどはまさにそういうものを提供しているのです。最新の外国人研究者の国内比率をみますと、スイスが五七％でした。半分以上が外国人です。二番目はカナダで四七％、オーストラリアが四三％、アメリカとスウェーデンが三八％という順です。日本（五％）、イタリア（三％）などは外国人研究者比率が最も低い。世界中から優秀な若い研究者が集まる包容力のある社会は、競争力のある豊かな社会につながります。しかし、閉鎖的な文化や環境、社会構造は優秀な人材の誘致の障壁となります。今後、アメリカの将来のためにどうすべきか、というアンケート調査でハーバード大学の卒業生にインタビューして、アドバイスを求めたところ、次のような回答が返ってきました。ほとんどの人は、アメリカに留学している優秀な人材が卒業すると同時に彼らにグリーンカードを提供するべきだ、と答えたそうです。多くの場合、優秀な人材はそれぞれの国に戻ってしまいます。しかし、アメリカ国内だけの人材では国際競争に勝つことは難しい。そのために留学生が研究をしながら将来的にもアメリカ国内に留まることができるようにするべきだ、という考えです。若い有能な研究者を誘致するためには、単に国の政策（力）や経済（カネ）の論理ではなく、文化や社会構造の変化が必要になるのです。

6　世界変化と社会の限界について

このような世界の変化に対してどのように対応していくべきか。その変化に対する我々の対応こそ、アジア共同体を考えるうえで重要なポイントとなります。まず、その変化に対して変化を拒んで過去の古き良き時代の価値と伝統に帰ろうとする原理主義的な対応があります。変化が怖く、ついていくことができないために、壁をつくる方法です。その一方で、既存の社会の限界や不条理から脱出するために、新しいビジョンをもって変化を積極的に受け入れ、新しいものを創り上げようとする多元主義的対応があります。常に社会はこの二つの立場の争いによって変化していきます。どのような力が世界を引っ張っていくのか。日本の明治維新もよい例だと思います。A・トックビルは「一つの国についてしか知っていない人は、実はその国についても知っていない」といっています。他者との比較を通じて自分を正しく発見することができるのです。一つをよくみて知っていると錯覚しがちですが、そうではないのです。すべての国家の歴史は多様な人々がかかわって構成する都市を通じて発展を成し遂げてきました。まさに都市は多様な人々の交流による融合と創造の源泉です。違うもの同士が共存することによって、新しい発見が可能になるのです。このような変化については変化の根底にある根本的な問題を発見することが重要です。病気になったときに病院に行っても、いきなり手術をしたり処方箋を出したりはしないでしょう、医者はまず問題をみて、体の基本的なことを検査し、その後、現在の状態を聴きます。現代社会が置かれている状況も全く同じです。今日の社会に現れた症状についても同じことがいえます。そのときに大切なのは、個人と社会をつなぐ原点に戻ることです。例えば国家とは何なのか、国民とは、人間とは、自分とは何なのかを考えたうえで、国家の進むべき方向を変えるべきです。

7　原点からの発想と変化の方向

アジア共同体論のなかで話題の学者はT・ホッブス（Thomas Hobbes）ですが、なぜいま彼が注目を浴びているのか。そこにはまさに「人間理解」という原点からの発想があるからです。現代政治学のなかで彼に影響を受けていない学者はほとんどいません。彼は一七世紀の人物ですが、生命を守ることとは今日の人々にとっても同じように最も重要なことです。ホッブスによれば、自分の生命を自分で守るしかない「自然状態」における人間は、完全に自由です。その自然状態を維持しながら、生命の危険を招く危機的状況から個人を守るために、社会契約による近代国家が登場します。つまり、完全な自然状態では自分で自分の命を守ることはできない。そこで個人の命を守って自由に生きるために社会契約による国家が誕生するのです。自然状態では生命の危機を感じるので、社会契約によって最高の権力、最強の権力として国家が生まれる。ここで重要なことは、国家は、個人の安全の確保という目的のために結ばれた契約の産物であるということです。すなわち、国家は個人の必要によって生まれた人為的産物の一つです。だとすれば、これまで国民国家として重要な役割をはたしてきたとしても、国家の役割をより完全なものにするために、二一世紀に必要とされる役割とあり方へと変わる必要があります。

8 国民国家の限界―国家と国民を考える―

国民国家の根本問題についての問題提起としてわかりやすい例を挙げます。二〇一一年三月一一日に発生した東日本大震災時の原子力発電所事故の例は国と国民の関係について示唆するものが多いのです。広島に投下された原子爆弾の一六八個分以上の放射性物質セシウム１３７が放出されたとされています。現在、世界中には五八三基の原子力発電所があります。福島原発事故は日本の東海岸で起きたがゆえに、それほど他の国に影響を与えませんでしたが、もしこれが韓国や中国の東海岸であったとすれば、風の向きによって日本は致命的な被害を受けたことになります。原発建設は主権国家としてエネルギーを確保するために行った国の重要な政策決定ですが、その決定が周辺国の住民の生命を脅かしているということです。これは単に国家間の協議で済ませられる問題ではないのです。個人の生命にかかわる重大なテーマについては国境を越えて、そのエリアに住んでいるすべての人々に知る権利が保障されるべきです。このことは国境を越えた地理的な視点からの国民国家のあり方についての問題提起といえます。地域統合の必要性を無視するわけにはいかないのです。もう一つの視点として、原子力発電所から出てくる使用済み燃料は膨大な放射能を放出します。一般的にいわれる核廃棄物の処理方法とは地下三〇〇メートルに、一〇万年、二〇万年とされる期間保管し続けるというリスクとコストを要するものです。しかし地球上で一〇万年、二〇万年続いた企業や国家がありますか。ですから、それは無責任なことであり、後の時代にすべて責任を転嫁することであり、人類史的課題を生みだすことになります。これは一国の問題ではなくて、歴史的視点から人類全体が考えていかなければならないテーマです。一つの国や企業が責任を負えるテーマではないのです。宇宙のゴミも、もはや一つの先進国の問題ではなく、人類すべての課題です。人類共通のテーマです。これからは、既存の価値観や発想を転換する必要があります。また、国家を超えた視点・発想が求められます。例えば、歴史は誰のものだったのかを考えてみると、アジアは、西洋の視点から位置づけられ、男性中心の長い歴史から女性が無視され、またエリート中心の社会から非エリートが無視されてきた社会構造になっています。同じく国民国家では国民中心の視点からマイノリティが排除されてきました。これからは、このような既成概念に縛られない自由な発想が求められます。人間は自分の属する文化のなかで判断し行動します。これからは国家、国民、文化に拘束されることなく、より自由な個人として物事や世界を考える必要があると思います。

9 国民国家を越えて――アジア共同体とは――

まとめにはいりますが、アジア共同体の形成にとってEUは国民国家を超えて地域統合を試みるモデルを呈示しています。一般的にEU統合を可能にした三つの要因としてあげられるのは、共通の価値観（宗教、文化、歴史など）、共通の目標（経済、発展、平和と安全）、それに共通の敵・ライバル（旧ソ連、アメリカ）です。このような視点でのEU統合は、閉ざされた、偏狭で相対的で対立的な統合といえます。しかし、これから進めていくアジア共同体は単にアジアを一つにするということではありません。アジア共同体の形成によって、他の集団や共同体が、例えばヨーロッパやアフリカなどが対立や脅威を感じてはならないのです。したがって、地域的なものを超える視点からアジア共同体を考えていかなければなりません。すなわち、開かれた共同体として、必ずしも地域的な概念に拘束されずに、「人間のもつ可能性や自由を拡大する」という視点から、統合をサポートするというアジア共同体論議であるべきです。つまり個人のもっている豊かで多様な文化や個性をいかにして、継承、発展させていくかという、共同体でなければならないのです。そのためには人類自らが作り上げてきた壁というものを一つずつ（壊したり、無視したりするのではなくて）次の段階のために卒業していく過程としてのアジア共同体であるべきです。最終的には世界が一つになるという発想をもつべきです。したがって、二一世紀は、国家や国民という概念に縛られるのではなく、多様な民族と多様な文化をもつ人々と共存していくという選択をする必要があると思います。それこそ豊かさを追求する一つの方法であると思います。ベネディクト・アンダーソン（Benedict Anderson）の言葉のように「人間は似通った人々同士でグループを形成するのではなく、グループを形成してからお互いに似ていく」ものです。同じビジョンをもって同じ発想をしながら行動していこうと決意したときに、同じような形になっていくと思います。したがって、アジア共同体の形成というのは単なる制度的な統合を意味するのではなくて、既存の制度や価値観の限界から卒業して二一世紀が必要とする新しいパラダイム転換、新しい価値観と国家観の形成を必要とする変化を意味する概念です。このことは人類の歴史的進歩の過程で、人間のもつ意識の変革と制度的改革を伴う「静かな革命」ともいえるのです。

（鄭　俊坤）

第3章　アジア共同体に反対する

1　共同体とは何か

　ご紹介いただきました、拓殖大学の吉野でございます。私はアジア共同体とか東アジア共同体とか、そんなものには全く反対です。作ることに反対だし、作っても意味がないという考え方だし、まずできないだろうと考えているので、私の考えを今日はみなさんに聞いていただきたい。

　前にラジオ番組で賛成反対というのをやったとき、反対派と賛成派は同じくらいでした。学界とか言論界という意味では賛成派が圧倒的に多い。確かに共同体というのは、少なくとも良いことですよね、悪いことではない。共生、共存なわけですから。ただ、考えれば考えるほど私は反対派になっていってしまった。おそらく、この講座で講義された先生方は自分の専門のことを話して、例えば東アジアの安全保障や経済統合、東アジアの国際関係や日中関係など自分の知っていることを話して、最終的にそれはアジア共同体に結びつくから作った方がいいよ、というような話し方をされたのではないでしょうか。アジア共同体とか東アジア共同体というのはどういうものかということについて真正面から話す人は、私はいないと思います。話せば反対派になってしまうから。シンポジウムなどに行くと大体は賛成派で、一方で私が消極論の代表者になることが多いのです。

まず共同体というのは何か。賛成派の人たちは、まずはできるところからやっていこうといっています。例えば文化交流。日本の生け花を中国やラオスでやってみせるとか、ラオスの織物を日本で織ってみせるとか。それはそれで私は全く否定しません。文化交流も経済交流も外交も進めるべきだけれど、共同体というのはやはり違うでしょう。共同体というと、まず頭に浮かぶのは欧州の共同体ですね。共同体というのは文化交流とか経済の相互依存の深化、それから経済統合ですね。共同体の特徴は何かというと、それは国家主権を捨てるというところにあるわけです。国家主権というのは、国民を外国の人たちから保護するとか、そういった権利ですね。関税自主権、これは経済学ではそんな言葉全然使わないですが、一八五八年の日米修好通商条約を含む五つの修好通商条約を結んでですね、日本は関税自主権を放棄した、それを取り戻すのに明治時代の外交は多大な犠牲を払ったわけです。そういう話を日本の歴史の講義とかで聞いたことがあると思います。関税自主権というのは自分の国の関税は自分で決めるという権利で、これは各国が固有にもっている。貿易の自由化とは、それを捨てるということなのです。それを捨てて共同体を作る。そんなことができるのだったら明治時代にやっていればいいわけで、一回やった失敗をなぜもう一回やるのか私には全く理解できない。これは一つの権利というか、国家主権（Sovereignty）の一つなのです。

それからもう一つは、経済学者のなかには共通通貨を発行しろという人がいますけれども、通貨を発行するというのも一つの国の権利なのですね。それを共通にしてしまったら、どんな目に遭うかというと今のギリシャや、かつてのアイルランドとかアイスランドとかですね、今のスペインのような目に遭うわけです。共通通貨発行を考えている人の多くは、アジアでは日本円が共通通貨になると思っているけれども、現在の経済の勢いでいえばどう考えたって中国の人民元ですよね。東南アジアはどの国でも、いってみれば中華経済圏のなかに入っているようなもので、その傾向がこの二〇年間ずっと続いているわけです。ですから、日本円がアジア共通通貨になるはずはない。あと共同体ということになると、消費税も外国並みに設定しなきゃいけないし、日本のような高い法人税をかけたら他の国から企業が来てくれないし、さらにいうと民主党がいっていた子ども手当とかですね、これを共同体になればアジア全体でやるのです。中国に一三億人という日本の一〇倍の人口がいて、しかもそのほとんどが低所得者ですよ。日本と比べたら。その人たちに生活保護も与えなきゃいけない。そんなことができるわけがない。そう、できるわけがないというと、共同体推進論者の方たちは難しいことはやらないでできることからやりましょうというわけですけれど、できることからやるようなものは共同体じゃなくて、それは交流というだけのものなのです。ですから共同体を作るということは、いってみれば結婚することと同じなのです。籍を入れてあなたのことも束縛しますけれど、自分も束縛されますということを約束するわけ。それはやはり非常に重い話で、少なくとも研究者がそういう安易な概念に振り回されてはならないと私は思っているのです。

2　アジアの共同体への賛否

一般に共同体反対論者というのは中国が嫌いな人が多いのですね。アジア共同体を作ると中華圏になってしまうから反対、という考え方が多いのです。私は全然そんなことはないです。私は極めてリアリストだけれども、別に中国が嫌いとか共産主義を潰せとかそんなことは全然考えていない。中華経済圏はできているわけですから、それを利用するというのは全く変なことじゃない。日本はそのなかに入っていかざるをえないのです。共同体を作ることは日本のためにならないし、ラオスやカンボジアなどの人は絶対に共同体を作ろうとはいわない。ようやく独立を保っているような国は、大きい流れに巻き込まれたくないと思っているわけです。ということでもう、ほとんど話したいことは終わってしまったのですけれど、あまり経済になじみがない方が多いと思うので、簡単に紹介をしていきます。

アジア共同体形成推進論の根拠というところからですね。アジア共同体というのはどういうものかというと、九八年に金大中という人がＡＳＥＡＮの場で提案したのが始まりですね。これが段々に盛り上がってきまして、一〇年後には鳩山総理が東アジア共同体を作るぞといって、日本では盛り上がったのですね。現在、日本で共同体推進論というのは早稲田大学が中心になって色々な本を出していますす。経済的にはどんなことが議論されているかというと、事実上の経済統合はアジアでは進んでいると、あとは制度的な統合を進めろと。制度的な統合としては私がさっきいったように、法人税を一律化するのですかというと、そんなことはしないという考えで、推進論者は予防線を張ってくるのですね。もし共通通貨を発行すると、域外からのショックを緩和できるといいます。しかし一九九七年にアジア通貨危機があったとき、日本国内の社会全体が少し暗い雰囲気だったわけです。ただし、通貨危機は外部から来たわけだから、遮断できる。しかしヨーロッパはどうですか。ヨーロッパは外部から何も危機なんか来ていないのに、自滅していっているわけでしょう。それから規模の利益の実現というのがあります。規模の利益というのは、大量生産すると安くなるという意味ですね。大量生産すると自動車でも何でも安くなるわけです。例えば、プリウスは三〇〇万円前後で売られているけれど、あれは年間何十万台も作るからそういう値段で買えるわけで、もし一台しか作らないということになると何十億円もかかっちゃうわけですよ。でも、たくさん作るから割安になるわけですね。それから機能的協力とか、分野別協力。これはさっきいった日本の生け花をラオスでやりましょうとかですね。ただ、これは別に共同体と名前を付けなくても進めれば良いものですね。それから、中国の成長の波及効果を取り込めるという考え方。でも、別に共同体を作らなくても随分日本も取り込んでいますよね。居酒屋やコンビニに行けば中国人が働いていて、日本人がやらないような仕事をしてくれているわけです。そういうのをみても、別に共同体がなくてもうまくやっているし、さらにいうと尖閣諸島問題でこれだけ外交当局がやりあっているのに、留学生のなかには日本から帰国した人なんていないわけですよね。

図3−1　名目GDPの推移（米ドル建て経常価格表示）

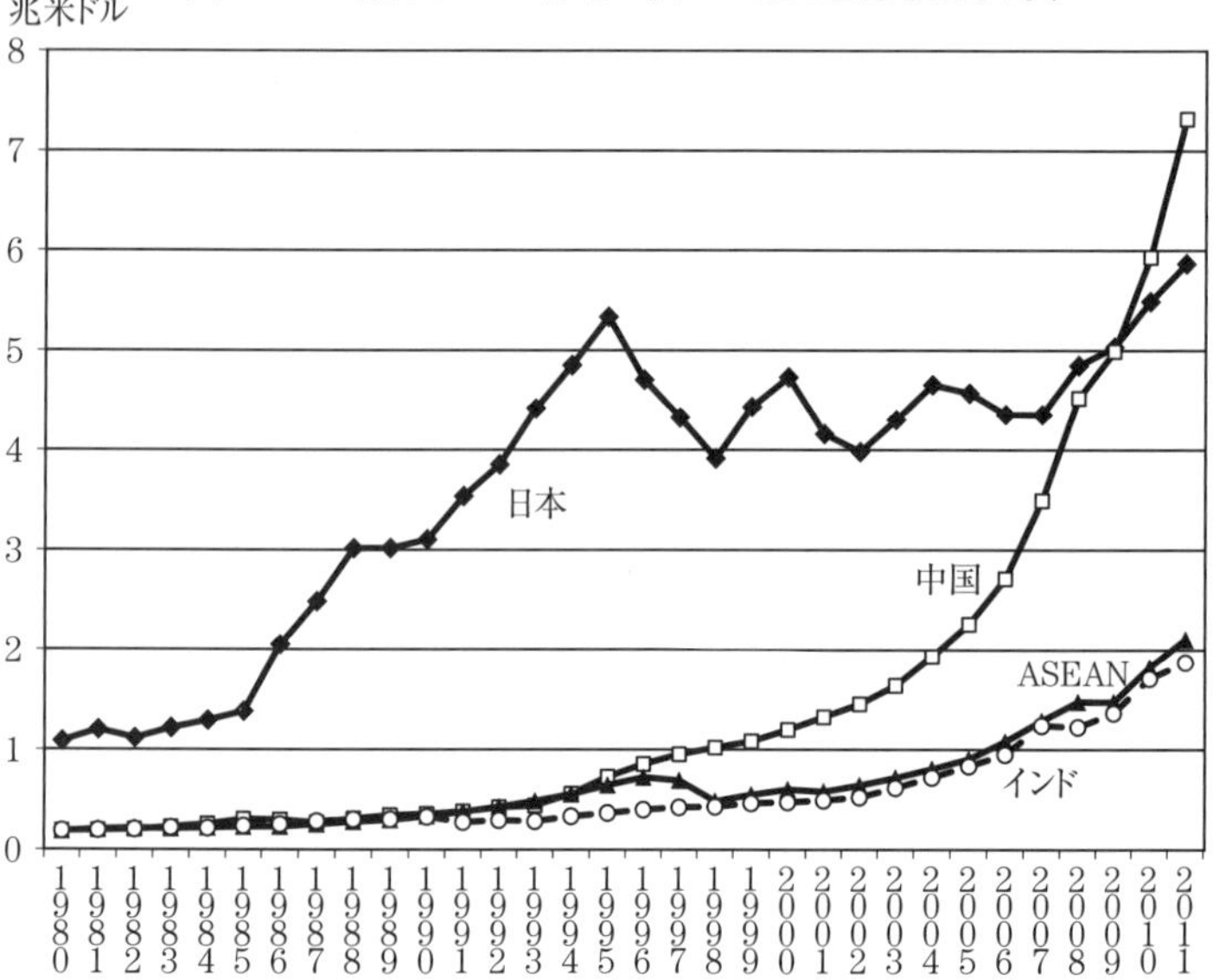

（出所）　World Bank, *World Development Indicators 2012* より，吉野が作成。

図3－1、これはみなさんが生きていくうえでみておいた方が良いと思う図です。GDPというのは、国の経済の規模を表す指標ですね。それを米ドルに換算して統一すると世界全体で比較ができます。日本は九五年に一番多くなりました。米ドル建てでは日本が一番良い時代だったのです。それから一九九一年二月からの「失われた二〇年」。一九九一年二月というのは、景気の基準日付のなかで、景気の山なのです。九一年二月がバブルの崩壊時期なのですね。そして、九五年のGDPをつぎに上回ったのは二〇一〇年ですね。日本がようやく一五年ぶりに、同じGDP水準になった。ところが、中国を表す線は、このあたりからぐっと上昇していますよね。二〇一〇年は中国が日本のGDPを抜いて、世界第二位

の経済大国になった年なのです。そのとき日本はようやく一九九五年のGDPをわずかに上回った。こんな調子ですから、中国が一人勝ち。アメリカ市場だけでなく、世界全体でも既に強い力をもっている。ただ、この先どうなるかというのは分からないです。

それから推進論のなかには非経済的な論拠というのがあって、それがテロや感染症です。SARSが二〇〇三年に流行したときにやはり非常に怖かったですよね。僕が怖かったのは中国がSARSの情報を公開しなかったことです。中国のある医者が自分の命をかけて、この病院は全滅しているということをいって、そこからWHOが介入して何とか抑えた。感染症は国境と関係なしに広まるし、例えば、鳥インフルエンザでは、渡り鳥は国境と関係なしに飛んでいるわけですよね。そうなると一番怖いのは北朝鮮で、日本に来る鳥も北朝鮮からきている。そういった問題に国境があると対処できない、というわけで共同体という一つの大きい枠組みがあれば良いのだと主張するわけです。それから、さっきいったように、共同体さえできていれば尖閣問題も竹島問題も南シナ海の領土問題も、タイとカンボジアの間のプレアビヘアをめぐる問題も起きないといっているのですが、逆に領土問題がある限り共同体はできないわけですよ。

それから最後に、軍事的な関与を排除できるといいますが、これは日本なんか日米同盟だといっているわけですからわれわれはこれにはなじまないですね。多分この一連の講義に来られて、アジア共同体をやらなければいけないという人たちは、アンチ日米同盟に論拠を置いているのだろうと思います。

3　現行のアジアの地域制度

ところで、東アジアサミットというのがあって、現在はこれにロシアとアメリカも入っています。あとはAPECというものもあります。いずれにしても、これらは会議外交といいまして、会議をやるわけですね。私の研究仲間の法政大学の洞口先生という方が、アジアの地域主義はエピキュリアン・リージョナリズムであるといっています。つまり、享楽的地域主義ということですね。その洞口さんの話によると、ASEANは年に二回サミットをやるし、ASEAN＋3などは年一回やる。APEC首脳会議は二日で終わりますけれど、一連の会議でいうともう一年中やっているわけですね。何でエピキュリアンかというと、こういうのに携わっている連中はキャビアとシャンパンを食べて飲むために、会議をやっているのだというわけです。実際には何もやっていない。何の役にも立たないことを一生懸命やっているのですよね。

つぎに共通通貨の話です。ブルネイというのは四〇万人くらいの人口で小さい国なのですが、そこでは発行している通貨をシンガポールと一対一で交換するように決めています。一方で東ティモールという、二〇〇二年五月二〇日に独立した一〇〇万人あまりの国ですが、ここは独自の通貨を発行しないで米ドルを使っています。また、香港には中央銀行が三つもありました。三つの中央銀行が自分の銀行の紙幣を使ってくれと、競争するわけです。日本の銀行の人はこういう色々なことを全然考えずに、日本円が共通通貨になると考えている方が多いのですね。

「ASEANのやっていることはアルファベットスープだ」という笑い話があります。スーパーに売っているアルファベットの頭文字でまとめられる色々な構想をつぎからつぎに打ち出しているわけです。AIA、IAI、AFAS、BBCなど、アルファベットの頭文字でまとめられる色々な構想をつぎからつぎに打ち出しているわけです。こんなに色々なことをやっているのだけれど、ものになったのはAFTAという自由貿易地域くらいで、あとは全然進まない。ASEANの貿易は域内では増えていっているのだけれど、それが良いことかどうかというのは分からないですね。東南アジア諸国は中国と貿易していますが、近年は中国の対東南アジア依存の割合がわずかに高まっている。一九九九年から二〇一〇年までですね。中国にとって東南アジアは、少し重要にはなってきているわけです。一方で東南アジアにとって、一〇年くらいの間に中国の重要性はぐっと上向きになっている。だから東南アジアは中華経済圏に入っているといってもおかしくはない。例えば、ミャンマーでは、国境の辺りは中国の人が多いし、中国からの輸入品も入ってきています。さらに私が驚いたのはタイですね。タイというのは、東南アジアでは果物がおいしいという定評があってインドネシアとかベトナムもタイから果物を輸入しています。そのタイが二〇〇三年くらいから、中国から果物を輸入し始めたのです。バンコクのスーパーマーケットに行くと、雲南省のリンゴとか貴州省のイチゴが売られています。このように東南アジアは中国にべったりで、一方の中国は東南アジアにほどほど近づいている。中国依存は高まるけれど、中国はヨーロッパやアメリカに依存している、という非対称性がアジア地域に広がっている状況になっているわけです。

一方、APECの政治の問題もたくさん議論されています。ヨーロッパでは一九五一年にECSCができて統合が始まりました。EPAとかFTAとかTPPといった名前を聞いたことがあるのではないかと思うのですが、EPAというのは日本がやっている自由貿易協定で、FTAというのは自由貿易地域のことですね。TPPというのも自由貿易地域なのです。これらは経済を統合していくには初歩的なものなのですね。だから日本は色々EPAというのを結んでいるのです。ヨーロッパの場合はこれをやらなかったのですね。自由貿易地域、TPPみたいなものはヨーロッパで結ばないで、一気に関税同盟というのを結んだわけなのです。もしかしたらドイツ語専攻の方がいるかもしれないけれど、ドイツは領邦国家で、関税同盟を作って小さい国をまとめたのです。アメリカも同様で、独立前に一三州があって、それが経済的には関税同盟を作ったわけです。そのように、ドイツもアメリカもEUもここから始めたのですけれど、アジアはそれより低レベルの段階で自由貿易地域、FTAを行っている。自由貿易地域というのは、現在世界に一五〇くらいありますが、それより上の段階に行ったことはないですね。だから歴史的にも、次元が高い方に進んでいくということはアジアでは無理かなと思っているのです。ついでにいっておくと、バラッサという経済学者が経済統合はこういうふうになっていくといったものだから、経済学者にはそれが刷り込まれているのですけれど、いきなり完全な経済統合に行った例もあるのです。東西ドイツが再統一されたときで、東西ドイツは全然違う国だったのがあっという間に完全な経済統合を成し遂げた。だから順番を追っていく必要は全然ないわけです。それからもう一つはベトナムが、一九七六年七月に、七五年で戦争が終わってから一年で完全な経済統合を成し遂げた。もちろんいろんな問題はあります。現在でもドイツの東部の方は失業率が西部より三倍くらい高いですね。それに東部に行けば若い人がいないとか。しかし、とりあえずは制度的には統合されているわけです。理屈どおりに考えていてもアジア共同体はできないだろうという話なのですね。

4 安全保障と分離独立運動

つぎに安全保障の話ですけれども、安全保障はやはり非常に重要なのですね。安全保障の協力は一番難しくて、ヨーロッパでさえ防衛共同体というのを作ろうとしたのですが、失敗しました。ヨーロッパでさえ失敗したものだから、非常に難しいと思います。現在は共通政策があるのですけれども、EUには軍はないのですね。だから、ユーゴスラヴィアのときもEUは軍隊を出さなくて、各国の個別の軍が出ていったわけです。NATOは軍をもっていますけれど、ヨーロッパじゃないアメリカが参加している。

アジア共同体を作ったら大変だろうなと思うのが、この分離独立の問題ですね。日本ではあまりないのですが、アジアのなかには色々あるわけです。中国はチベット問題があって、実際に中国で坊さんが焼身自殺する出来事が連日続いているわけでしょう。モンゴルもそうだし、ウイグルもそうですよね。インドネシアにはカリマンタンという、明確に独立運動はないのですけれど、石油が出るから自分たちは独立したいといっている地域があります。フィリピンはムスリムがミンダナオにいるし、タイはパッタニというディープサウスにイスラム勢力がいて、独立したいとずっと願っているわけです。そういったなかで、この人たちとアジア共同体を作るとします。そうすると、例えばチベットの人が、私はエイジアンというアジア共同体のアイデンティティーは保ちますから、中国からは独立させてくれといったときに、それにどう対処するかですね。ミンダナオでもそうですけれど、アジア共同体には属しますよ、だからフィリピンの国民にはなりたくないと。マレーシアでもそうです。マレーシアのサバなんて二五〇万くらいの人口の三分の一はフィリピン人なのです。そういう人たちがアジア共同体には留まる、だけどこの国だけは我慢ならんといったときに日本はどうするか。日本はチベットを支援して中国政府にアジア共同体は重要なのだから、チベットを独立させてやれというかどうかですね。そこはやはり、いい加減に理想とか理念で語ることはできないだろう、というのが第一の論点ですね。それから非伝統的な安全保障の問題というのがあって、先ほどもいったような鳥インフルエンザもそうなのですが、テロとか、国境を越えた犯罪とか、感染症、自然災害が発生した場合は、確かに共同体があれば対処しやすいわけです。海賊なんかも同様です。マラッカ海峡の海賊などは大変な実害があるわけですね。そういった問題もマレーシアとインドネシアがちゃんと協力すれば良いのだけれども、どっちも今のところは国家のメンツがありますから協力しないのですね。マラッカ海峡の海賊の実体というのは、インドネシアの漁業者なのですけれど。この間、私もその辺を八月に歩いて様子をみてきたのですが、つまりインドネシア海軍が漁民にナパーム弾などの武器を貸して、お金を取ると。何でそんなことになっているかというと、インドネシアの軍というのは日本の自衛隊なんかと違って、地域ごとに独立採算制なのです。例えば、スマトラの北だったら、北の方だけで独立していて、自分で稼げということなのです。そんなやり方ですから、日本のタンカーなんかに乗り込んで、お金を徴収しているのです。こういった問題は、非伝統的な安全保障問題といって、この辺の賛否が国防問題になってしまったのですね。そこで安全保障上アジア共同体がいらないという理由は、共通の脅威がないということです。先ほどのNATOの話と同じように、NATOのなかで問題なのは、むしろ内部の軋轢ですよね。アジアでも日中とか日韓、または中国・フィリピンのように域内の軋轢の方が大きいわけですね。ですから安全保障上、アジア共同体というのは作りにくいと思います。それから、域外ともう既に同盟している日米、韓米ですね、こういうのがありますから難しいと思いますね。

5　共同体よりも協力深化

まとめに入りますが、始めに既にデファクトの統合が進んでいるので制度的な統合は不要であると述べました。逆に、デファクトの統合が進んでいるので、制度的な統合を進める必要があるという人もいますが、全く逆ですよね。私は文化交流などのソフトパワー、それから経済の貿易だとか企業の海外進出、そういったものをどんどんやっていけばいいわけで、それらは共同体という名前とは関係がないと考えています。今はすごい円高で七〇円台、八〇円ぎりぎりのところですけれど、これが戻って一〇〇円くらいになったら中国企業による日本企業の買収というのはぐっと増えると思います。それをわざわざ共同体とかいうふうに、関税は一緒に決めようとか、所得税や相続税も日中韓で一緒にしなければならないとか、そんなことをやる必要は全くない。それから欧州危機ですね。通貨協力よりも財政調和が重要といわれています。会議外交ばかりやって、それを協力だといっても仕方がない。経産省もそうですね。経産省も何もやらなきゃ失業しちゃうから、それでFTAやEPAを締結して、TPP論争をやって、みんなでようやく仕事を作って生きているような。そんなことをやっていても、実質的に国民は豊かにならないですね。日本にとってだけのことを話すと、日本にとってもアジア共同体は必要だという論拠の一つに、孤立してしまうからというものがあります。アジア共同体を作るというのに入らないと孤立するので、入った方が良い。そしてリーダーシップを取った方が良い、という考え方もあるのです。しかし、私はそうは思いません。イギリスは始めはEUに入らなかったわけですよね。途中から、じゃあ入ってやるといって入った。色々ありますけれどイギリスの例もあるから、別に孤立してもそれを恐れる必要はない。例えば、日本が孤立しているから商売してやらないとか、そういったことはありえないわけなのです。それから、日本は労働市場も開放しないですよね。農産物も開放しない。FTAもそんな積極的には結ばない。そんな消極的な国の多くの学者は、共同体っていう話についてはは足元をみずに理想を語っているのだけれども、普通に考えればこれは無理ですね。労働市場なんか開放しても、中国人以外は誰も来ないわけですよ。そういう魅力のない国がリーダーシップを取るとか、周りの国を率いることは無理だし、大東亜共栄圏の二の舞になってしまう。だから、辞めた方が良いというのが、私の考えです。

共同体論者は法律とかも全部一緒にしたら良いといいます。よくいわれるのは食品の安全基準ですね。それから環境基準、それに認証。ＪＩＳマークとかＪＡＳマークなどの共通化。あとは医師の国家資格、看護師ですね。看護師はインドネシアやフィリピン、ベトナムから候補者が来ていますが、そのように共同体全体で一つの基準にするとうまくまとまるというのだけれど、そのときに共同体推進論者は日本のスタンダードが採用されると思い込んでいるのですね。環境基準は日本が一番厳しいという思い込みがある。これは全くそんなことはないのです。基準だけでいうと東南アジアの国で日本より厳しい国はたくさんあります。ただ、それが施行されているかどうかというと、別の問題ですね。資格についても、看護師は日本だと専門学校で取れるけれどフィリピンでは大学を出ないと取れない。そういうことを考えると、ジャパニーズスタンダードは採用されないのですね。外国に合わせる覚悟があれば良いですけれど。どうもありがとうございました。

質疑応答

質問①

会議外交の話でＡＰＥＣとかＡＳＥＡＮはコストがかからないということでしたが、具体的にコストがかかる共同体というのは、軍事的なもの、ＥＵやＮＡＴＯを想定しているのでしょうか。

吉野

今おっしゃったとおりで、会議をやっていて取り決めをするだけだと、そんなにコストはかからないのですけれど、実際に軍や武器をもつことになるとそれだけお金がかかります。あとEUの場合は農業補助金がものすごくかかっているので、日本の農業がつぶれそうなときに、日本が外国の業者に補助金を渡すということをやり始めたら相当にコストがかかると思います。

質問②

共同体の本質は通貨発行権、関税自主権、課税の権利など国家主権の喪失であるから、ゆるやかな形態の共同体では実効性がないというお話だったと思うのですが、EUにおける国家主権は完全に委譲されてはいないわけで、ユーロ危機もそれが問題になったと思うのですが、それでもEUは実効性を十分にもった共同体だと感じています。したがって、漸進的に主権を委譲していく方向もEUの例をみれば一理あると思うのですが、その点についてはどうお考えでしょうか。

吉野

どうもありがとうございました。確かに漸進的に、というのはよくいわれますよね。ある先生に、アジア共同体なんて一〇〇年先のことをいっているのだから、カリカリするなよといわれたこともあります。一〇〇年前のことから考えていって、現在を議論するのだったら理解ができるのですけれど、推進論者はこの二〇年くらいの動きをみて中国がぐっと伸びているから共同体が必要だという。それはまずいと思うのです。長期的な展望をもつ必要があると思います。必ずしもそれを否定するわけではないですが、長いスパンで推論することも必要だと思うのですね。

（吉野文雄）

第4章　ＡＳＥＡＮ共同体と東南アジア経済の発展

私は東南アジアおよびタイの経済研究を専門にしています。本学ではタイ語やタイの政治経済はもとより、東南アジア経済論なども教えています。「アジア共同体」に関連して、東南アジアおよびタイを研究している私が想起しましたのは、二〇一五年に創設されるＡＳＥＡＮ共同体です。そこで、この講義では、ＡＳＥＡＮとは何か、そしてＡＳＥＡＮ共同体をめぐるＡＳＥＡＮの動きなどを中心にお話をさせていただければと思います。

1　ASEANとは？

まず、東南アジアやＡＳＥＡＮという用語の意味を少し振り返ってみたいと思います。東南アジアという言葉自体はそれほど古くはなく、英語の文献に最初に出てきたのは一八四〇年のハワード・マルコムという人が記した旅行記だったといわれています。東南アジアという名称の使用が一般化するのは一九四〇年代以降で、第二次世界大戦中に連合国軍が、日本軍の南方占領地、おおよそ現在の東南アジア地域に相当する地域を奪還するために、一九四三年に東南アジア軍指令部というものをインドに設置したことが東南アジアという言葉の普及の発端になったといわれます。ですから、この言葉は、軍事上の名称として登場した地域概念でした。

この東南アジアという用語が、実際に、この地域の人々に「ある地域」として認識され始めるのは、一九六七年の東南アジア諸国連合（ASEAN: Association of Southeast Asian Nations）の設立以降になります。ですが、設立時の加盟国はインドネシア、マレーシア、フィリピン、シンガポール、タイの五カ国でしたので、その「ある地域」といっても、現在のように一〇カ国が参加するＡＳＥＡＮとは違った領域が認識されていたことでしょう。そのＡＳＥＡＮ自身は、その後、徐々に加盟国が増えました。一九八四年にブルネイ、一九九五年ベトナム、一九九七年ラオスとミャンマー、そして一九九九年にカンボジアが加盟して、現在、私たちが考える「東南アジア」の全域とＡＳＥＡＮがほぼ重なることになりました。なお、二〇〇四年にインドネシアから東ティモールが独立しましたので、東南アジアの国家は一一カ国となります。東ティモールは、まだＡＳＥＡＮの正式メンバーではありません。

ＡＳＥＡＮは二〇一五年にはＡＳＥＡＮ共同体を結成します。この共同体は、ＡＳＥＡＮ経済共同体、ＡＳＥＡＮ政治・安全保障共同体、ＡＳＥＡＮ社会文化共同体から構成されています。そのなかで、最も注目されているのが、ＡＳＥＡＮ経済共同体です。この共同体の主要な取り組み内容は、自由貿易の推進です。一九九三年からＡＳＥＡＮが実際に取り組んできたＡＳＥＡＮ自由貿易地域（ASEAN Free Trade Area）、いわゆるＡＦＴＡの二〇一五年の完成それ自体が、ＡＳＥＡＮ経済共同体の核となっています。

ＡＳＥＡＮは、二〇一〇年現在、人口がおよそ六億人です。例えば、地域統合で先行する欧州共同体（ＥＵ）と比較してみますと、二七カ国に加盟国が増えたＥＵもおよそ人口が五億人強で、ＡＳＥＡＮより若干少ないのですが、ほぼ同じ規模です。また、面積も、ＡＳＥＡＮが四四五万一二五二平方キロメートル、ＥＵ二七カ国全体で四四五万六三〇四平方キロメートルとなっていて、同規模です。意外にも、人口や地理的な広がりからみると、ＡＳＥＡＮとＥＵが同程度の規模にあることに注目しておきたいと思います。なお、国別にみても、タイとフランスが人口六〇〇〇万人程度、面積も五〇万平方キロメートルでほぼ同じ、ベトナムとドイツも人口が八〇〇〇万人程度、面積も約三〇万平方キロメートルで、同程度だということも、ここで確認しておきたいと思います。

しかしＡＳＥＡＮは経済規模でいいますとＥＵの一〇分の一くらいです。人口と面積が一緒なのにＧＤＰが一〇分の一で、まだまだ経済が発展途上にあるということです。ですが、人口規模や面積、これらを人的資源と物的資源と読み替えれば、ＡＳＥＡＮに資金、技術、そして教育がうまくミックスされていけば、さらなる発展の余地があるといえるのではないでしょうか。この点も、強調しておきたいと思います。

２　ＡＳＥＡＮの歴史

ＡＳＥＡＮは、一九六七年、タイ、インドネシア、フィリピン、マレーシア、そしてシンガポールの外務大臣によるバンコク宣言で設立されました。その目的は、この五カ国の信頼醸成でした。すなわち、ASEANは共産主義に対抗する同盟として結成されたという説明がなされることがありますが、実は、一九四〇年代後半から一九六〇年代にかけては、東南アジアでは、植民地からの独立のあり方をめぐって、近隣諸国のあいだで鋭い対立が起きていた時代でしたので、その対立を緩和しようという目的もありました。たしかに、一九六〇年代中葉には、ベトナム戦争が激化して共産主義の脅威が東南アジアの資本主義各国のなかで強まっていた時代でしたので、アメリカは南ベトナムだけではなく、タイなど東南アジアの資本主義各国への軍事援助と経済援助を強化し始めていました。他方で、東南アジア資本主義諸国のあいだでも領土をめぐる緊張関係が生じていました。例えば、一九六〇年代初頭は、カリマンタン島東端のサバ州の帰属問題で、マレーシアとフィリピンが対立していました。また、インドネシアのスカルノ大統領は、マレーシアがマレー半島だけでなくカリマンタン島北部も含む形で独立することに強く反対し、マレーシアへの対決姿勢を強めていました。

そうしたなか、一九六〇年代後半には、東南アジアの資本主義諸国のあいだで、政権交代が起きました。フィリピンではマルコス大統領が誕生し、インドネシアでは、反共を前面に掲げるスハルトが政治の実権を握り、シンガポールも、リー・クアンユーの下でマレーシアから独立し、新国家建設に向けて動き出しました。そういう新しい流れが一九六七年のASEANの設立に結びつきます。隣国と対立するよりも、信頼醸成を強めて、海外との緊張を緩和し、国内の治安対策や経済開発に集中するという流れが強まりました。こうした政権は、強権的な抑圧的政治体制と経済開発を重視する政策をとったため、いわゆる開発体制、あるいは開発独裁体制と呼ばれます。

しかしながら、ASEANは一九六七年に設立されたにもかかわらず、首脳会議が開催されたのは、一〇年近くも経過した一九七六年でした。ASEANの五カ国は、ASEAN結成後も、信頼の醸成を謳ってはいたものの、政治的緊張関係は解けていませんでした。一九七六年には、ようやく、東南アジア友好条約を結んで、友好関係の強化と武力によらない対立の解決が合意されました。それでも、ASEANは、市場の統合にすぐに向かうというわけではなく、外務大臣会合や首脳会議を続けながら、信頼醸成に努めるという、緩やかな連帯が、一九八〇年代を通じて、続きました。

ASEANが、自由貿易地域や市場統合をも視野に入れながら、地域の協力を本格化させるのは、一九九〇年代に入ってからです。欧州での地域統合、北アメリカの自由貿易地域（NAFTA）の形成、南アメリカの共同市場（MERCOSUR）の形成、さらには、中国の改革開放による経済成長が、ASEANの自由貿易地域形成に向けて、背中を押したといえます。ASEANは、一九九二年の首脳会議でASEAN自由貿易地域形成を決定し、一九九三年から実際にASEAN域内の関税削減のプロセスを開始しました。ただし、その自由貿易地域形成の取り組みが、本格化するのは、一九九七年アジア通貨経済危機を経験した後の二〇〇〇年代からとなり、その取り組みのスピードは決して速いものではありませんでした。ですが、二〇〇〇年代を通じたASEAN自由貿易地域形成への努力は実り、ついに、二〇一〇年にはASEAN先発六カ国はASEAN域内からの輸入について原則関税〇%を実現し、ASEAN自由貿易地域が部分的ながら成立しました。二〇一五年にはASEAN

一〇カ国が、ASEAN域内の関税を原則〇％にしてASEAN自由貿易地域が完成することになります。このASEAN自由貿易地域は、ASEAN経済共同体の主要な構成要素の一部となっています。そして、このASEAN経済共同体は、前述のように、二〇一五年設立のASEAN共同体の重要な一部を構成するものともなっています。

3　ASEANと自由貿易

ASEANおよびASEANの各国は、ASEAN域内の自由貿易だけを推進しているわけではありません。自由貿易に関わる交渉は、世界レベル、あるいは、さまざまな地域レベルで、かなり重層的に進められています。

(1)　世界貿易機関（WTO）と東南アジア

世界的に自由貿易を推進する枠組みとして世界貿易機関（WTO）があります。ASEANの一〇カ国はすでに加盟しています。二〇一三年、ラオスが加盟しました。WTOでは、関税引き下げを含む貿易自由化の交渉がなされてきましたが、近年は、多くの加盟国が参加する多角的交渉での合意が難しい状況となっています。

（2）アジア太平洋経済協力会議（APEC）と環太平洋経済連携協定（TPP）

アジア太平洋レベルではアジア太平洋経済協力会議（APEC）という場もあります。自由貿易のみならず、経済協力、ビジネス拡大や投資の促進を含む幅広い議論がなされる場です。ASEANのなかでは、ベトナム、タイ、フィリピン、マレーシア、インドネシアなどが参加しています。

アジア太平洋に関わる自由貿易交渉の枠組みとしては、もう一つ、環太平洋経済連携協定（TPP）が話題になっています。このなかにはASEANからはシンガポールが結成メンバーとして、ニュージーランやチリなどと入っています。このTPPには、アメリカが加盟していて、オーストラリア、カナダ、マレーシア、ベトナムがTPPへの加盟交渉に入っています。そして日本も民主党政権下の二〇一〇年からTPP交渉への参加問題がもちあがり、二〇一三年自由民主党の安倍晋三首相が「交渉に参加する」と表明しました。日本国内では、TPP交渉参加について、テレビや新聞など多くのマスコミはこぞって賛成していますが、反対の声も根強くあります。例えば二〇一二年五月から六月にかけて、アメリカと日本とのあいだで行われたTPPに関する協議のなかで、アメリカ側が日本側にいくつかの要求をしていたことが、新聞紙上で、例えば、「米、自動車で譲歩要求　TPP税制や安全基準」（『朝日新聞』二〇一二年五月一九日付）のように明らかにされました。そのなかでも、とくに個人的には驚かされたのが、日本の軽自動車の規格が非関税障壁にあたるというアメリカ側の主張です。軽自動車に対する低率の自動車税はアメリカ車の日本向け輸出を妨げているので、この規格を変更するようにというものです。日本の軽自動車は、日本の道路事情に対応する形で改良されてきた、日本人の生活に密着する、大変貴重な交通手段です。けれども、アメリカは、日本の自動車税制度が、排気量が大きく、自動車税の高い、アメリカからの三〇〇〇cc以上の大型自動車の輸入を妨げているというわけです。こうしたTPPにおける、具体的な交渉内容が明らかにされると、これは誰のための自由貿易なのかが、より明確になります。それは、単に、アジア太平洋の貿易の発展といった、漠然としたものではなく、それぞれの国家が、自国の産業発展のために通商交渉に臨んでいるという、ごく当たり前のことが明らかになってきているということです。この自動車税の問題に表れているように、TPPは単に関税削減の問題ではなく、日本国内の自動車税を含む税制度、すなわち、日本国内のさまざまな制度の変更を含む幅広い内容が交渉の対象となっています。政府調達、保険制度、医療制度までTPPの交渉項目に入っているといわれています。TPPがこうした日本の国民生活に深く関わる交渉だということをもう一度よく考えておくべきだと思います。

このTPP交渉は、ASEANでも熱い議論を呼んでいます。TPPへの参加をめぐって、ASEAN内でも対応が割れているのです。例えば、TPPの原加盟国であるシンガポールは、一九世紀以来自由貿易港として発展してきましたので、ASEANだけを市場とみなしているわけではなくて、世界市場、とくに、アメリカ市場に対して、さらに参入する道を模索しています。さらに、ベトナムとマレーシアもアメリカ市場を中心とするアジア太平洋に自国の輸出市場を拡大するためにTPPに関心を示しています。しかし、「ASEANスリン事務局長　TPPより域内統合優先」（『日本経済新聞』二〇一二年二月一四日付）によれば、ASEAN事務局のスリン事務総長（二〇一二年当時）は、T

ＰＰよりもＡＳＥＡＮ域内統合を優先すべきだと述べていました。また、インドネシアやタイはＴＰＰのような例外なき関税削減を前提とする自由貿易交渉に対して慎重な態度を示していて、交渉に参加する予定はありません。こうした慎重派の国々からは、一九九三年以来、ＡＳＥＡＮが取り組んできた、ＡＳＥＡＮ自由貿易地域やＡＳＥＡＮ経済共同体、すなわち、ＡＳＥＡＮが結束するというプロセスと矛盾するのではないかという懸念が示されています。このようにＴＰＰはＡＳＥＡＮの国々にとっても、重大な関心事であるということを確認しておきたいと思います。

（3） ＡＳＥＡＮ＋3と東アジアサミット

直接自由貿易交渉をしているわけではありませんが、広く経済、貿易、国際協力、外交案件などが議論される場として、ＡＳＥＡＮと日本、中国および韓国の首脳が集まるＡＳＥＡＮ＋3という首脳会議があります。これは、ＡＳＥＡＮ首脳会議の翌日開催されていて、定例化されています。また、二〇〇五年以降は、ＡＳＥＡＮ＋3首脳会談の翌日に、東アジアサミットが開催されます。そこには日中韓に加えて、インド、オーストラリア、ニュージーランドの首脳が集まります。実は、二〇一一年頃から、この東アジアサミットに参加する国々を中心に、東アジア地域包括的経済連携（RCEP: Regional Comprehensive Economic Partnership）を締結しようという動きが出ています。日本の経済産業省によれば、この協定は、日中韓印豪ＮＺの六カ国がＡＳＥＡＮと締結している五つのＦＴＡを束ねる広域的な包括的経済連携構想で、二〇一一年一一月にＡＳＥＡＮが提唱しました。その後、ＡＳＥＡＮの一〇カ国と上記の六カ国、合計一六カ国による議論を経て、二〇一二年一一月のＡＳＥＡＮ関連首脳会合において正式に交渉が立ち上げられました。ＲＣＥＰについては後述します。

(4) ASEAN+α

ＡＳＥＡＮは、ＡＳＥＡＮを一つの地域単位として、特定のある国と自由貿易協定を締結する取り組みを進めています。ＡＳＥＡＮは一九九三年以降、この二〇年間、ＡＳＥＡＮを一つの自由貿易地域（ＡＦＴＡ）にしようと努力して、ＡＳＥＡＮ域内の関税削減に努めてきました。ＡＳＥＡＮ各国は、ＡＳＥＡＮの加盟国からモノが輸入される場合は、関税をゼロにするという枠組みを完成しつつあります。ＡＳＥＡＮは一つの市場になりつつあります。

そのＡＳＥＡＮは、日本、中国、韓国、オーストラリア・ニュージーランドあるいはインドを対象に、個別に自由貿易協定を結んできました。いわば、ＡＳＥＡＮ＋αともいえる自由貿易協定を各国別に締結してきました。これによりＡＳＥＡＮはこれら六カ国のハブになる形で自由貿易協定を結び、ＡＳＥＡＮの存在感を高めました。例えば、日本からインドにモノを輸出するときに、日本から直接インドに輸出すると関税がかかります。ところがＡＳＥＡＮで生産すれば、まず、ＡＳＥＡＮ域内の自由貿易協定によって、ＡＳＥＡＮ域内で調達する部品や原材料の関税が削減され、生産コストを引き下げることができます。さらに、Ａ

ＳＥＡＮとインドの自由貿易協定によって、ＡＳＥＡＮで生産した製品や部品の関税がインドに輸入される際に削減されますので、その分、インドでの製品価格を引き下げたり、生産コストを下げることができます。そういうわけで、ＡＳＥＡＮのどこかの国に生産拠点を置くことのメリットが飛躍的に増大しているのです。

(5) ASEAN自由貿易地域（AFTA）

ＡＳＥＡＮは、一九九二年首脳会議でＡＳＥＡＮ自由貿易地域（ＡＦＴＡ）の設立について合意し、一九九三年からＡＦＴＡ設立に向けての取り組みを開始しました。しかし、ＡＦＴＡ設立のためにＡＳＥＡＮ各国が設定する関税の削減は、実のところ、二〇〇三年まであまり進展していませんでした。完成車の輸入をみると、一九九〇年代までは、各国とも、高い関税を課していました。例えば、一九九九年のインドネシアの完成車の輸入は、ＡＳＥＡＮ域内から、ＡＳＥＡＮ域外からを問わず、一二五％〜二〇〇％という高関税でした。しかし、一九九七年のアジア通貨経済危機を経て、ＡＳＥＡＮという地域としての存在意義を高めなくてはならないという危機感が強まり、二〇〇三年以降、ようやく関税が本格的に引き下げられることになりました。二〇一〇年には、インドネシア、フィリピン、マレーシア、タイ、シンガポールそしてブルネイなどＡＳＥＡＮの先発六カ国は、ＡＳＥＡＮ各国からの輸入品には原則輸入関税を撤廃していて、ＡＦＴＡは部分的に実現しています。二〇一五年のＡＦ

TAの完成、すなわちASEAN経済共同体の設立の時点で、カンボジア、ラオス、ミャンマーおよびベトナムなどの、いわゆるCLMV諸国も、ASEAN各国からの輸入品に対して原則関税ゼロをすることになっています。

(6) 日本の経済連携協定(EPA)とASEAN

日本は、いわゆる自由貿易に関する協定についてはFTAといういい方をせずにEPA(Economic Partnership Agreement:経済連携協定)という呼び名をしています。これは、単に関税を下げるだけではなく、例えばインドネシアやフィリピンから看護師や介護士を受け入れること、つまり人の移動まで含めた経済連携を強めるという意味で経済連携協定と呼んでいます。日本の場合、米、砂糖、こんにゃくなど一部の農産品の関税が高いのですが、それ以外の工業製品については関税がすでにかなり低くなっています。ですから、これ以上関税を下げるという通商交渉上のカードが切りにくいという事情があります。そのため、関税以外のカード、すなわち、労働市場を一部開放するとか、日本から経済協力の案件を提示するというような協議を進めて経済連携協定を結ぼうとしてきました。現在、発効済のEPAは、以下の通りです。日本・シンガポールEPA(二〇〇二年一一月発効済、二〇〇七年九月改正発効済)、日本・マレーシアEPA(二〇〇六年七月発効済)、日本・タイEPA(二〇〇七年一一月発効済)、日本・ブルネイEPA(二〇〇八年七月発効済)、日本・インドネシアEPA(二〇〇八年七月発効済)、日本・フィリピンEPA(二〇〇八年一二月発効済)、日本・ASEAN・EPA(二〇〇八年一二月発効済)、日本・ベトナムEPA(二〇〇九年一〇月発効済)がすでに発効しています。

(7) 東アジア地域包括的経済連携(RCEP: Regional Comprehensive Economic Partnership)

すでに言及しましたが、RCEPというあまり聞き慣れない枠組みの経済連携協定が、ASEAN+3、インドやオーストラリアを含む広域のアジア諸国のあいだで検討されています。ASEANが各国と個別にFTAを結ぶこと、すなわちASEAN+αのFTAは、ASEANとしては、その存在感を増すという点で極めて重要な意味をもちます。しかし、例えば、日本、東アジア、ASEANそしてインドを連携させながら、国際分業を構築している日本企業からすると、ASEANを中心に四方に伸びるFTAのままですと、結局、国際的なモノ作りのネットワークには不都合が生じる場合が発生しています。

つまり、日本の材料を使った、ある部品をASEANで生産し、インドに輸出するという場合に、ASEANと日本のEPA、これはAJEPAといいますが、これとASEANとインドのFTAであるAIFTAが有機的に機能していないという問題が生じているのです。

例えば、一〇〇ドルの部品を日本の材料三〇ドルとASEANのタイの材料一〇ドルとインドネシアの材料二〇ドルおよびASEAN以外の国の材料四〇ドルを使って、タイで作ったとします。この部品をＡＳＥＡＮのマレーシアに輸入した場合、日本とＡＳＥＡＮの経済連携協定により、日本とＡＳＥＡＮで生産した部分が四〇％を超えると日本・ＡＳＥＡＮを原産地とするため、関税が〇％になります。この部品は、一〇〇ドルのうち日本の材料分三〇ドルとＡＳＥＡＮのタイとインドネシア分が三〇ドルで、合計六〇ドルとなり、マレーシアに輸入される場合、関税は〇％になります。

ところが、この同じ部品をインドに輸入しようとする場合、インドとＡＳＥＡＮの自由貿易協定に基づいて関税が決められます。一般に、この協定では、関税番号変更要件を満たし、ＡＳＥＡＮを原産地とする部分が三五％を超えると関税が〇％になります。ですが、この部品の場合、ＡＳＥＡＮのタイとインドネシアの材料部分は三〇％にしか達しませんので、ＡＳＥＡＮを原産地としないとインド側で判断され、関税〇％とはなりません。このように、同じタイで作った部品でありながら、ＡＳＥＡＮ域内のマレーシアに輸出する場合は関税〇％となるにもかかわらず、それをインドに輸出すると関税がかけられてしまうということになります。

日本とＡＳＥＡＮを通じてインドをつなぐモノつくりの国際分業ネットワークがすでに構築されつつあり、ますますその重要性は増しています。モノの動きの始点と終点を直接結びつけるようなＦＴＡの枠組みが、よりビジネスの実態に即しているというわけです。例えば、日本・ＡＳＥＡＮの経済連携における原産地規定をインドまで拡大して、インド側の関税を削減し、東アジアからインドへの輸出を促進する、そうした通商枠組みが必要となっているのです。日本、ＡＳＥＡＮを含む東アジアからインドにつながる現実の国際分業ネットワークをより発展させようという広域の経済連携構想がＲＣＥＰだと考えられます。

4　二〇一五年共同体設立後のＡＳＥＡＮ経済

以上、ＡＳＥＡＮとは何か、ＡＳＥＡＮの歴史、ＡＳＥＡＮ共同体の設立、さらにＡＳＥＡＮにおける自由貿易の重層性について、簡単に振り返りました。ＡＳＥＡＮにおける自由貿易は、世界、アジア太平洋、東アジア、ＡＳＥＡＮレベル、さらに、本講義では詳しく解説できませんでしたが、二国間ＦＴＡの形で、重層的に進められています。この重層性を確認しておくこと、これがこの講義の重要なポイントの一つだと考えています。そのうえで、ＡＳＥＡＮ各国は、やはり、あくまでＡＳＥＡＮの市場統合がＡＳＥＡＮの存在価値を高める重要な手段だと位置づけているという点も強調しておきたいと考えます。その一つの形が二〇一五年のＡＦＴＡの完成であり、ＡＳＥＡＮ経済共同体、そしてＡＳＥＡＮ共同体の設立です。ＡＳＥＡＮの加盟国一〇カ国が、市場統合を核とする共同体を設立することによって、人口六億人のＡＳＥＡＮの価値を高めようと努力しているという点は極めて重要です。ＡＳＥＡＮは、インドネシアのように二億人を超える人口を抱える国もありますが、一つ一つの国をみれば、人口も資源も限られています。また、北には人口一三億人以上の中国があり、西には人口一〇億人以上のインドがあります。こうした地政学的条件を考えれば、ASEAN各国は、一〇カ国が集まり、全体で約六億人に達するという規模のメリットをASEAN共同体として具体的な形にする必要に迫られているということもできるでしょう。ASEAN各国が、六億人に達するASEAN共同体の中味を、今後、具体的にどのようなものにしていくのか、大いに注目すべきだと考えます。

ただし、他方で、ASEAN各国同士が競争相手であるという側面も忘れてはならないでしょう。ASEANは、単なる友好親善のクラブではなく、ライバル同士が集まった連合です。ASEAN各国は、タイを除いて、植民地宗主国から独立を勝ち取ったという歴史をもっています。ASEAN各国にとって、国家の政治的独立と経済的自立は極めて重い意味をもっています。そのため、国家権力の強化と国民統合の推進のためにも、自国の経済発展は最重要の課題です。それゆえ、他のASEAN諸国とは、政治的にも、経済的にも、お互いに強力なライバルであるという側面があります。ASEAN各国は、外国資本であれ、ASEANという組織であれ、ASEAN共同体であれ、自国の経済発展、さらには、強力な国家の形成のためであれば、利用できるものは何でも利用するという、極めて現実的な戦略をもっています。ASEAN共同体は、ASEANの市場統合、政治・安全保障さらには社会文化の協力を進め、一体性を強めるという側面をもっていて、注目すべき取り組みだと考えられます。ですが、同時に、お互いにライバルであるＡＳＥＡＮ各国が、このＡＳＥＡＮ共同体を活用して、どのように自国の利益に結びつけようとしているかについても、大いに注目すべきだと考えています。

（宮田敏之）

【参考文献】

石川幸一・助川成也・清水一史『ＡＳＥＡＮ経済共同体と日本―巨大統合市場の誕生―』文眞堂、二〇一三年。
末廣昭・山影進編『アジア政治経済論―アジアの中の日本をめざして―』ＮＴＴ出版、二〇〇一年。
山影進編『新しいＡＳＥＡＮ―地域共同体とアジアの中心性を目指して―』アジア経済研究所、二〇一二年。

第5章　東アジア共同体と大国
――欧州との比較から――

今回は、大変貴重な機会を与えていただき、東アジア共同体とEUについてお話をさせていただくことになりありがとうございます。青山学院大学の羽場久美子と申します。EUと東アジア地域統合の比較研究を行っています。

今日は、「東アジア共同体と大国（major power）」というお話をさせていただきたいと思います。これはハーバード大学の国際会議で報告したものです。

ここではつぎの三点、①東アジアの地域統合に、アメリカ、中国、あるいは日本などアジア太平洋の大国が、尖閣の問題を含め、どう関わっていくのか、②第二次世界大戦で史上最大の問題と対立を引き起こしたドイツとフランスがどのような形で和解をとげたか、③その後の統合の結果、なぜあれほど歴史的に対立しながら、欧州統合後の六〇年間、全く何の戦争も起きない状態を維持しているのか、アジアもそこから学べないか、ということをアジアと比較しながら考えていきたいと思います。

1 転換点としての二一世紀初頭

最初に、グローバル時代といわれて久しいわけですが、二一世紀初頭、グローバル時代が新しい転換点にきているのではないかという話を、国際関係学あるいは国際政治学のレベルから考えてみたいと思います。二一世紀に入ってからの一〇年間、皆さんが政治経済や世界史で習ってきたことがドラスティックに音をたてて変わるような事態が次々に起こってきています。なかでも重要なものがつぎの五つです。

一つは九・一一のテロが引き起こした結果です。民間人のテロリストがアメリカの中枢を襲うという事態は何を意味したか。それまではミサイルや核など破壊兵器を用いた冷戦二極体制の極の争いであって、一般民衆はそれに関わっていなかった。ところが、二〇〇一年九月一一日の教訓は、一つの小さな武器でもそれで飛行機をハイジャックすれば、アメリカの中枢を破壊することも可能である、ということでした。九・一一の解釈は多数あるものの、結果、「市民の背後にテロリストが隠れている、あらゆる市民がテロリストになりうる」、という事態となり、市民の総チェックが行われるようになりました。

二つ目は、二〇〇八年九月に起こったリーマン・ショックと金融危機です。これは何を意味したか。いわゆる冷戦期の対立構造であった資本主義 vs 社会主義、先進国 vs 途上国の戦いが崩壊し、世界は「経済競争」の時代となりました。その結果、世界の五本の指に入る大手の金融機関でさえ競争に負ければ破産しうる時代に入ったということを示しました。ゼネラル・モーターズが崩れ、日本では日航がＡＮＡに敗れました。競争は先進国同士のトップ争いとなり、それに負けたものは容赦なく潰れていく（ついで公的資金が注入される）という時代となったのです。

こうした流れのなかで三番目に、ユーロ危機が起こります。危機はまずドル基軸通貨による一極支配を揺るがし、ついで二〇一〇年から一一年にかけてユーロ自体の危機を引き起こしていく。ドルに並ぶ基軸通貨として現れてきたユーロが不安定化した、ということです。ドル危機、ユーロ危機は、先進国の停滞を暗示した。欧米が揃って頭打ちの時代を迎えたということです。

四番目は二〇一一年に日本の東北で発生した大災害です。地震・津波・原発事故という三つの大きな出来事は、世界中に衝撃的な波紋を広げました。一番大きな問題は、近代化とテクノロジーの成果である人類の最高度の都市が、自然災害によっていとも簡単に挑戦を受け崩壊してしまうという事態、さらに大きな影響を世界に与えたのは、「世界で最も安全」といわれていた日本の原子力発電所が自然災害によって「想定外」の破壊的事故を起こしてしまったという事態です。

第五は、これら先進国の危機を後目に発展する、中国・インドをはじめとするアジア新興国の勃興です。これらすべては、米欧日という世界の国際政治経済のリーダーシップをとっていた国々に対して新興国が挑戦しうるという状況を生みだした。そして、その多くが中国やインドに象徴されるようにアジアに集中している、ということです。二一世紀の新しいグローバリゼーションの特徴は、「先進国が挑戦を受け始めている」、という事実です。

中国・インド・ブラジル・ロシアというわゆるＢＲＩＣｓと呼ばれる国々が経済的に急速に勃興してきています。それに対して、先進国はこの間長期の停滞に入っていて、そのなかで統合と拡大により最も進展していたＥＵも、この一、二年ユーロ危機で揺らいでいます。

２　競争の条件

なぜこんなことが起こっているのか。それには「競争」とグローバリゼーションが大きく関わっている。いかに競争に勝つか。リーマン・ショックに象徴されるように、経済競争に負けたものは世界のトップ五指に入っていても破産する時代になってきている。そうした状況のなかで、「いかに競争に勝つか」ということが二一世紀初頭に極めて重要になっている。

勝つ要因を考えたときに、重要なのは、①安い労働力、②安い商品、③巨大な市場、という三つです。この三つの条件は非常に皮肉なことに、二〇世紀においては貧困の条件でもあったわけですね。賃金が安い、物価が安い、爆発する人口、イコール貧困が、中国やインドの特徴でした。爆発する人口、すなわち巨大な人口ゆえに、発展は容易ではないと思われていたのです。それが二〇世紀の象徴だった。しかし競争が先進国間の熾烈な戦いになってきたとき、逆に新興国が、教育力やインフラを整えながら、アメリカやヨーロッパや日本に挑戦をしかけているのが二一世紀なのです。

資料をみてみましょう。アンガス・マディソン（Angus Maddison）の世界統計です。彼はイギリス生まれの大変有名なオランダの統計学者、マクロ経済学者です。彼は西暦一年から二〇三〇年までという、実に二〇三〇年間のＧＤＰを自分の計算で割り出しました。ここでは経済力だけではなく、政治力、軍事力、文化力なども含めて、古代から中世、現在までのＧＤＰを数字で測り出したのです。彼がはじき出した数字は、二〇三〇年の段階でアジアのＧＤＰは五割を超えることを示しました。これはその後、ＩＭＦや世銀でも同じ数字が出てきましたから、中国が破綻しない限りは、世界の半分のＧＤＰをあと一五年くらいでアジアが占める、という状況になることはもはや確実です。

もう一つは、一八二〇年の数字です。二〇〇〇年前アジアのＧＤＰは世界の半分を占めていた(1)。

これは、どういうことを意味するのか。この二～三〇〇年、まさに科学技術の発展と近代化、羅針盤と航海技術から始まって、世界に乗り出していくことで欧米は世界の頂点に立ち植民地を支配しました。そしてアメリカは東海岸に入植し、西海岸へ至る開拓時代を経て、二〇世紀の頭に世界の頂点に立つ。

しかし二〇〇〇年の歴史でみた場合、近代化はたかだか二、三〇〇年間の歴史にすぎないのだということをマディソンは明らかにしたのです。そして二〇〇〇年前までは、アジアはさまざまな文明をもっている豊かで高度な地域であったということをこの統計は再認識させました。彼は「アジアの成長は奇跡ではない、そうではなくて、歴史的な近世に回帰しているのだ」といったのです。過去二〇〇年、植民地化により富がアジアから外に流れていきました。そして現在、外に流れていった富が再びアジアに回帰しつつある、とマディソンは予測したのです。

3　アジアの発展

つぎに、アジアにおける経済発展を統計でみてみたいと思います。まず、二〇一〇年の世界銀行のGDP統計をみてみましょう。これは、それまでずっと世界第二位の地位を占めていた日本を中国が追い越した年のものです。しかし、これを地域レベルでみたらどうなるかというと、EUは二〇〇四年から二〇〇七年にかけて東欧諸国を統合することによって二七カ国になり、アメリカ合衆国を追い抜いたのです。それがユーロ危機といわれながらも現在まで、実はトップのままなのです。

もう一つ、これは私が計算したのですけれども、二〇一〇年のGDPをアジアの地域の合算で示すとどうなるか。ASEANの一〇カ国はおおよそロシアと並ぶ程度、世界第一〇位くらいです。でもASEAN＋中国・日本・韓国の三カ国を足すと、実はドンと跳ね上がって、アメリカにほぼ並ぶほどの力をもっています。これはもちろん統計上の数字なので、AEAN＋3は組織的にはまだ十分まとまっていません。しかし日中韓がまとまればアメリカに既に並ぶという発想は、とても魅力的なことであると思いませんか。それが東アジア共同体のバネになっています。さらにアメリカも支持するASEAN＋6。中国・日本・韓国にオーストラリア・ニュージーランド・インドを足すと、実は、既にアメリカ・EUを越えるのですね。これが東アジアの地域統合の潜在的な基盤になります。

図5−1　国・地域別GDP構成比と経済成長率見通し（2009年）

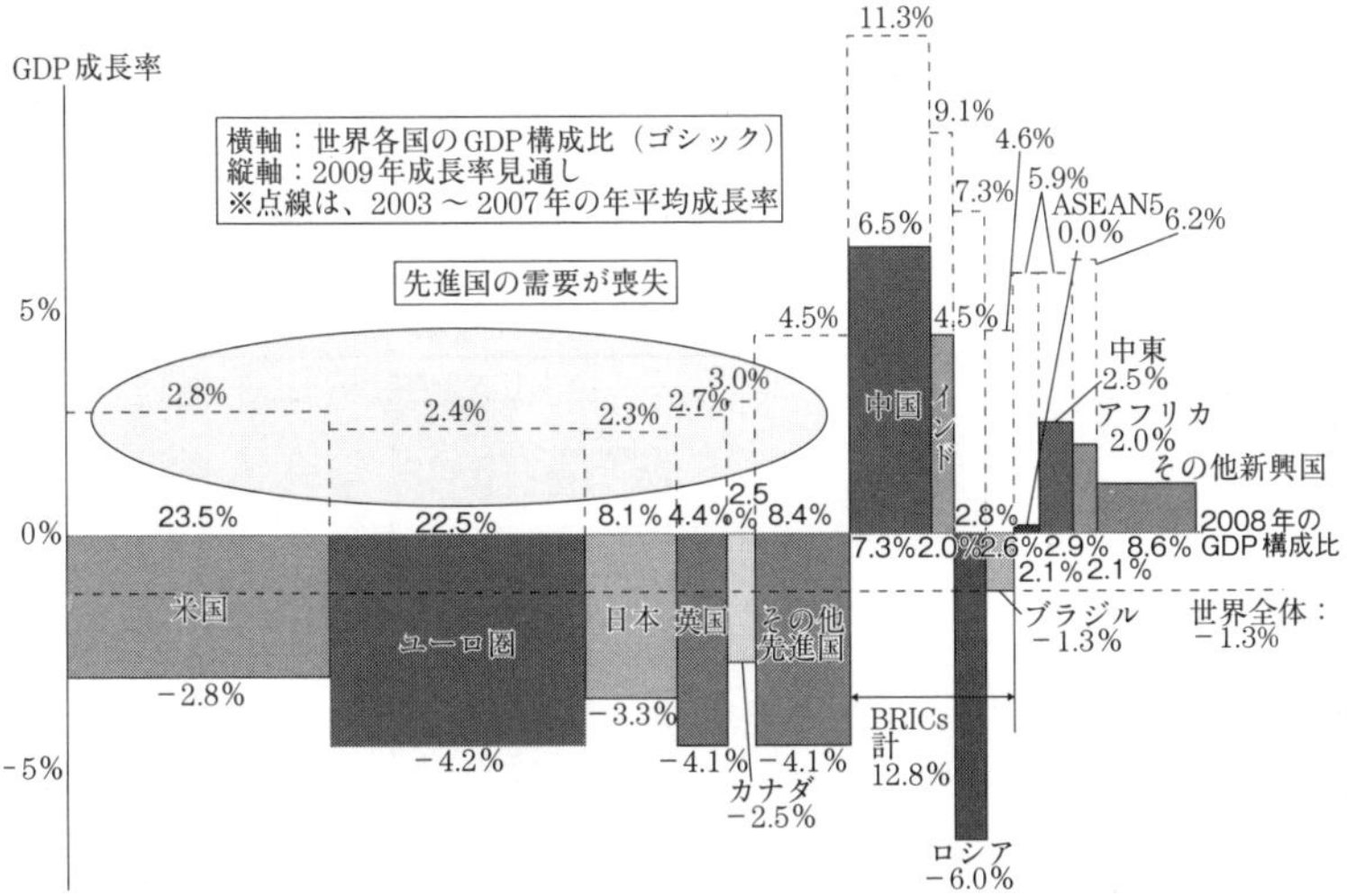

（資料）　IMF「World Economic Outlook April 2009」，内閣府「平成21年度経済見直し暫定試算」から作成。
（出所）　経済産業省『通商白書2009』。

いずれもまだEUに比べては、機構的・法的まとまりも弱いですが、経済面ではアジア地域主義は動き始めている。

　青山学院の飯坂ひとみ氏らの共同の英語論文に寄れば、アジアの中間財の域内貿易は実は既に六〇％に達している。これも驚くべきことです。

　というのは、EUの制度化された機構のなかにおいてさえ、域内貿易は六五％であるのです。経済面では既にアジアはEUに並びうるほどの（中間財の）域内貿易が実現されている。にもかかわらず、尖閣に象徴されているような政治対立の問題が発生している。これがアジアの現状だと思います。

　つぎに二〇一〇年の経済産業省の資料をみてみましょう。図5−1は、リーマン・

図5−2　世界各国のGDP構成比および成長率

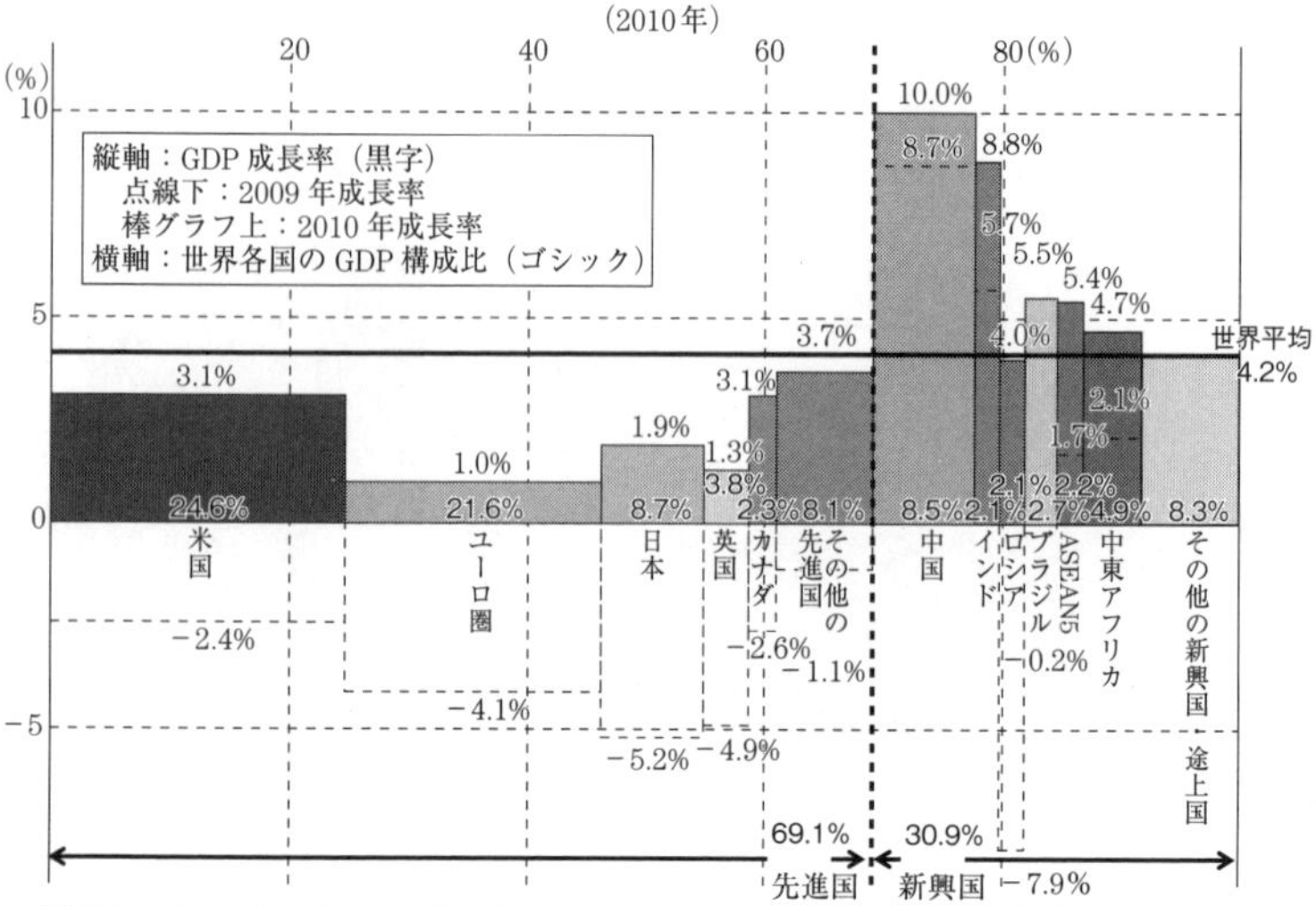

（資料）　2010年4月IMF「World Economic Outlook, April 2010」から作成。
（出所）　経済産業省『通商白書2010』。

ショック後の世界主要国の経済成長率です。

リーマン・ショック直後の二〇〇九年の段階で、経済成長率はアメリカ・EU・日本、そしてイギリスにおいてすべてネガティブ成長です。それに対して、中国・インドは大きくプラス成長です。翌年の二〇一〇年、アメリカ・EU・日本・イギリスは回復していますが、大体一%〜三%台の成長。それに対して、中国・インド・ブラジルは六%〜一〇%の驚異的成長です（図5−2）。

もう一つは、中産層の成長です。

一九九〇年代には一億人と、非常にすくなかったアジアの中産層は、二〇〇八年の段階では八億八〇〇〇万人、二〇一〇年では実に一〇億人もの中産層へと成長しています。アジア開発銀行研究所の所長である河合正弘氏は、この一〇億人のうちの一〇分の一が将来アジアの高額所得者層になる、といわれています。一口に一〇億人といいますけれども、一〇億人の中産層というのは、アメリカの人口と、EUの人口と、日本の人口を足しても、まだそれより多い人口ですね。それが今世界のレベルでの中産層になりつつある。そして将来そのうちの一億くらいが高額所得者になる。日本の人口くらいがアジアで高額所得者になるというのは、恐るべき事実です。

4 貯蓄率の増大

つぎに表5－1と表5－2が、各国の貯蓄率です。家計の貯蓄率とGDPの貯蓄率です。家計の貯蓄率でみると、中国が三割、韓国とマレーシアがそれぞれ家計の五分の一近くを貯蓄に回していますね。アジアは実際に貯蓄率が高いといわれていて、なかでも日本の貯蓄率は世界で最高だと二〇世紀の後半にはいわれてきました。その日本が二〇〇八年の段階では一一%の貯蓄率に下がっています。

表5－1　家計貯蓄率

	2008
中国	31.2
韓国	17.6
インド	9.6
マレーシア	17.7
フィリピン	1.6
タイ	0.9
ベトナム	4.9
日本	11.1

（注）　家計貯蓄率＝（可処分所得－消費支出）÷可処分所得とした。
（資料）「Euromonitor Consumer International 2008/2009」から作成。
（出所）　経済産業省『通商白書 2010』。

表5－2　総国内貯蓄率（対GNP比）

	2010
中国	53.0
韓国	32.2
インド	31.5
マレーシア	39.2
フィリピン	18.7
タイ	33.4
ベトナム	27.0
日本	18.7

（注）　日本は2009年。数値はアジア開発銀行(ADB)がCEICのデータから積算。
（出所）　ADB「The Key Indicators for Asia and the Pacific 2011」。

図５−３　世界の名目 GDP に占める各国・地域の割合の推移

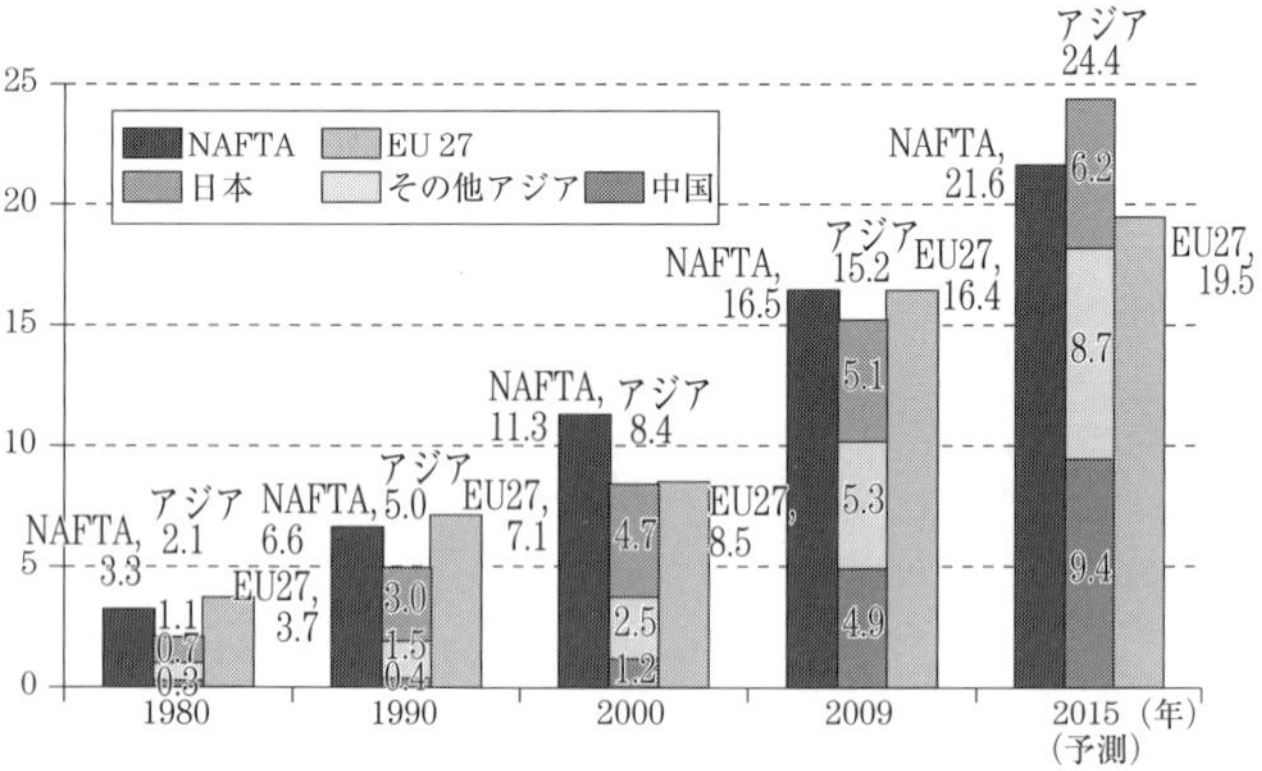

（注）「その他アジア」とは，ASEAN＋6から日本，中国を引いたもの。
（資料）IMF「World Economic Outlook April 2010」から作成。
（出所）経済産業省『通商白書 2010』。

インドと同じくらいです。それに対して、中国・韓国の伸びはすごい。

さらに驚くべきはＧＤＰの貯蓄率、国家レベルでの貯蓄率です。中国は五〇％を超えています。マレーシア・タイ・韓国・インドも四〇～三〇％くらい。ですから中国も他のアジア先進国も毎年のＧＤＰのほぼ半分から三、四割を貯蓄に回している。それは蓄えているだけではありませんから、中国はそのお金でアメリカ国債を買っている。ＥＵのユーロ危機を支援している。ギリシャに対して支援・投資を行っている。アフリカへの投資を行っている。というように、バブルの時期の日本と同じように、蓄えた貯蓄を世界的な責任に回しているのです。これが世界的な影響力の拡大につながっている。

そうしたなかで、日本の上場企業がどういう形でアジアと結びついているか。この一〇年間アジアの貿易比率がものすごく増えて、今四割の日本の上場企業が

図5−4　アジア各国・地域の個人消費額の実績と予測

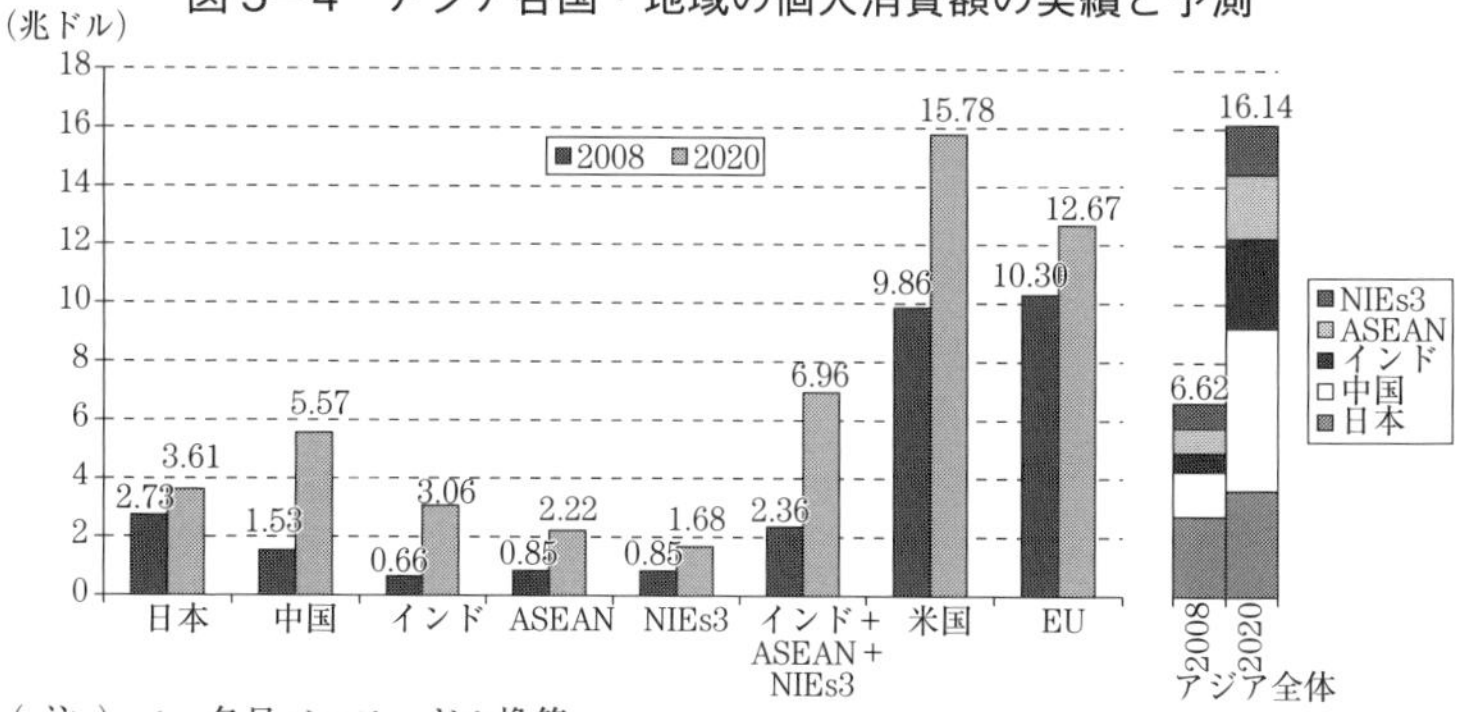

（注）1. 名目ベース，ドル換算。
2. ここでいうアジアは，ASEAN＋日中韓＋インド。
（資料）「Euromonitor International, 2010」から作成。
（出所）経済産業省『通商白書 2010』。

アジアと貿易し、それによって利益を得ているという状況です。この間、アメリカとかEUの率が非常に減っているというのも特徴ですね。いわゆる政冷経熱、政治ではうまくいってないけれども、経済では提携が進んでいる、というのがこの一〇年間、二〇一〇年までの状況でした。現在、メディアでも取り上げられているように、尖閣問題以降、経済面でも中国で不買運動が広がっていますが、それは日本にとっても中国にとってもマイナスの影響を与えているといわざるをえないと思います。

経産省の試算を、あと二つみてみましょう。まず図5−3です。二〇一五年、あと半年もすればアジアは、NAFTA（アメリカ・カナダ・メキシコの経済連合）とEU二七カ国を越えるだろうという試算が経産省、そして世銀の計算によって出ています。皆さんが就職するぐらいまでには、アジアが世界のトップになる。

既に二〇一二年の世銀のGDPでも、日中韓でアメリカにあと一兆ドルで並びます。ただ尖閣や竹島の状況が悪化して、東アジアの地域紛争が広がるようになれば、これは夢と幻に終わってしまう。非常に緊迫した状況だと思います。現に二〇一三年のデータでは中国ではなく日本が一兆ドル減少している。

つぎは図5－4。中間層の増大や貯蓄率の高さなどを踏まえると、近い将来、アジアは世界最大の消費市場になる。これは二〇〇八年のデータを使っているので、まだ尖閣などの緊張した状態が入っていないときですけれども、アジアはかつて世界のロボット工場、生産市場といわれていましたが、さらに消費市場になる。この消費市場になるというのは、中国やインドが爆発的に成長するなかで、市民レベルでも消費がさかんになっていくということです。

こうして考えていくと、中産層の成長を含めて、非常に堅実な成長がアジア全域で起こっているといえると思います。でも、アジアは非常に大きな問題を抱えています。経済と安全保障が全く正反対の形で分裂しているという状況です。

5　ＥＵとの比較―経済と安全保障―

ここでＥＵとの比較に入りますけれども、ＥＵでは経済と安全保障というのは基本的に結びついている。ＥＵは機構的にも機能的にもきちんと組織されています。主に経済同盟としてのＥＵ二八カ国の機構、そしてこれにアメリカ・カナダ・トルコなどを加えた、ＮＡＴＯという軍事同盟です。その横にロシアを中心とする経済同盟が存在し、これらすべてを包摂する形で、平和と安全保障の話し合いをヨーロッパ全土で行うOSCE（欧州安全保障協力機構）という組織があります。非常にきれいに整理され、組織化されている。

しかし、アジアの場合まだこうした統合組織はもっていません。その最大の原因は、冷戦の終焉の認識の違いです。ヨーロッパでは、一九八九年にベルリンの壁が崩れ、冷戦が終わってドイツが統一された。いまや統一ドイツはフランスと並んでヨーロッパのリーダーとなっています。

しかし、アジアではまだ冷戦は終わっていない、といわれます。韓国と北朝鮮は分断されたままですし、中国は資本主義経済体制をもっているとはいえ、政治的には共産党体制のままです。いかにこうした問題を解決し、制度化を計るか、ということがとても大きな課題です。

アジアの地域主義の特徴を四点挙げます。一つは、経済は事実上統合されているのに、アジアはまだ制度的に組織されていないこと。二つ目は、そうしたなかで敵対関係はむしろ強化されてしまっていること。三つ目は、北朝鮮をはじめとする核の拡散状態が東アジアで広がっていること。最後に、中国の軍事力強化が、境界線を脅かしているということで、南シナ海や尖閣諸島をめぐってお互いの対立関係が続いていること。これは中国政府・日本政府を含めて相互に責任があるのだと思いますが、経済の密接な関係と裏腹に、少なくとも政治レベルでの非常に冷たい関係がアジアでは続いている、むしろ拡大しているということです。

ただ経済レベルでは、アジアの地域協力関係は、デファクトに（事実上）存在し、域内貿易も既にEUに並ぶほどです。ならばそれをうまく使えないだろうか、というのが私の考察の中心にあります。

6 アジアの地域協力

では現実に今、アジアの諸組織はどう機能しているのか、というのが図5‐5です。スイスの研究者によると、アジアの地域協力はヌードル・ボウルと呼ばれています。ヌードルのように絡み合っていて何が何だか分からないというわけです。一二を越える地域統合組織がアジアには既に存在します、というと少しびっくりされるかもしれません。そのかなりの部分が二一世紀に追加されました。

皆さんが知っているなかでも、一番まとまっているのがＡＳＥＡＮですね。その外側にＡＳＥＡＮ＋3、ＡＳＥＡＮ＋6、二〇一〇年にオバマが提唱してできたＡＳＥＡＮ＋8、ＡＳＥＡＮ＋10、ＡＲＦ、そしてこの間ロシアで会合が行われたＡＰＥＣというアジア最大の組織。それからその外側には上海協力機構（ＳＣＯ）。これは、中国・ロシアそしてカザフスタン、ウズベキスタンなどの中央アジアを統合した、経済同盟というよりも政治・軍事同盟、イデオロギー同盟の性格をもつ組織です。そしてインド・パキスタンなどからなるＳＡＡＲＣ、六者協議、ＡＣＤ、最後に、ＡＳＥＭという「アジア・ヨーロッパ会合」です。これにはアジアのほとんどの国と、ＥＵのすべての国が参加していますが、いかんせんＡＰＥＣのようには活発ではありません。

このようにみたときに非常に興味深いのが、この一二の地域組織のうち、既にアメリカが五つの組織にメンバーとして入っている、ということです。アメリカはアジアの機構の外にいるのではないの

図5−5　アジアにおける重層的地域協力

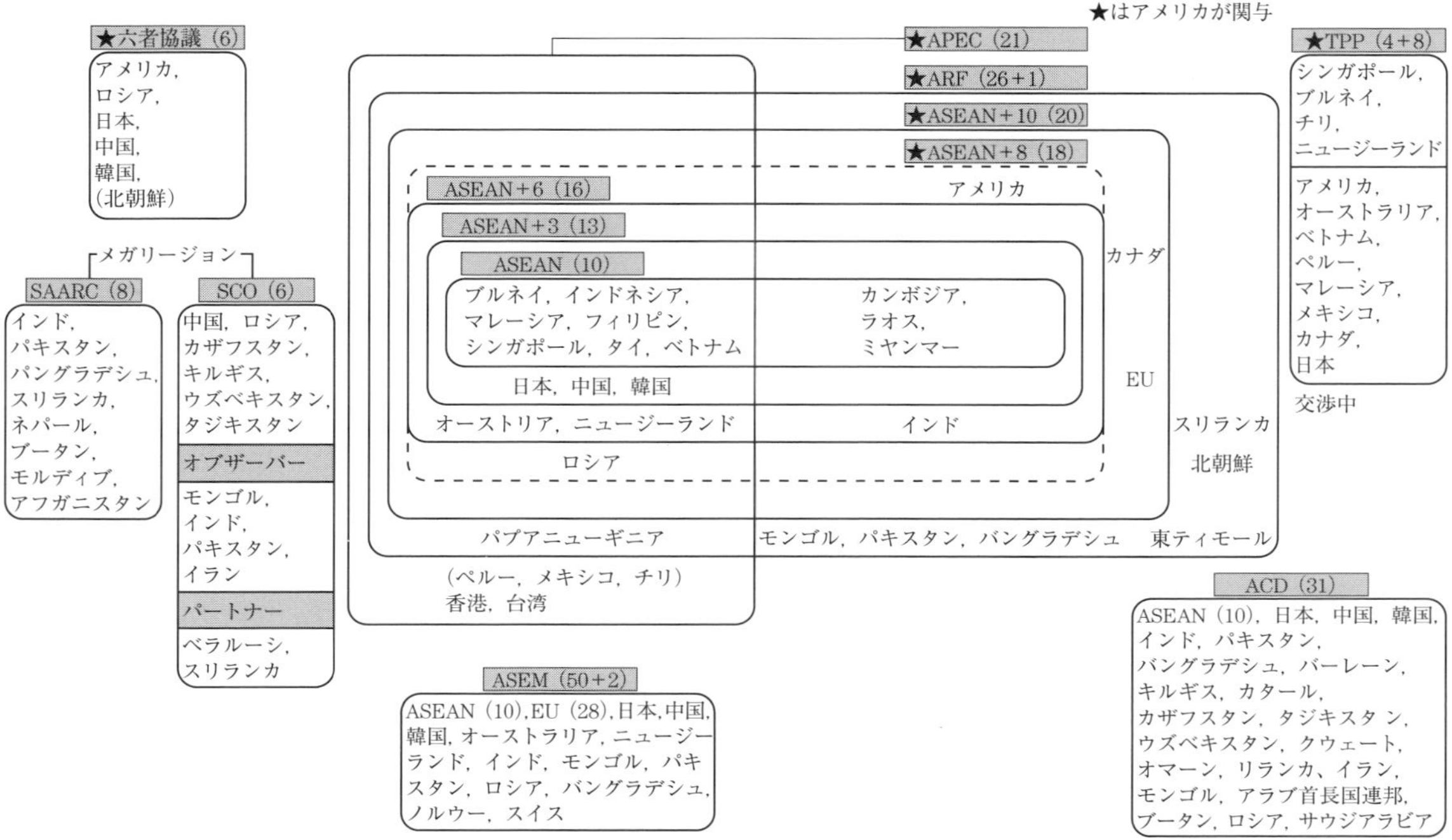

（出所）　羽場久美子『グローバル時代のアジア地域統合』岩波書店，2012。

ですね。一つはASEAN+10、それからARF、そしてAPECの三つと、北朝鮮の核の問題を協議する六者協議、そして二〇一〇年に米の大統領オバマは、APECの会議でASEAN+8というものを提唱しました。8というのは、ASEAN+3日中韓に、+3、オーストラリア、ニュージーランド、インドを加えたあとの+2、アメリカとロシアです。このように、アジアでの統合組織は、二一世紀に入って、急激に増えており、そのほとんどにアメリカやEUが入ってきている。

これをEUとの比較でみてみます。EUの場合は内に向かってさまざまな機能的な組織ができています。例えばシェンゲン・ゾーンというのは、シェンゲン協定に基づいて、領域内で自由移動ができるという枠組み、ユーロ・ゾーンはユーロを使用するEU内のグループ、それから欧州自由貿易連合(EFTA)など、ほとんどがEUの域内で機能的に、経済や金融、国境の自由移動の枠組みができています。求心力が強く内に向かっている。

それに対して、アジアの場合、一二の組織の五つにアメリカ、三つにEU、八つにロシアが入っている、というところにも象徴されるように、外に向かって地域統合が進んでいる。遠心力の方が求心力より強い。これに現在進行中のTPPを加えると、実はアメリカはアジアの地域統合の「半分」、一三中の六組織に既に組み込まれているということになります。

7　アメリカの位置

よく、アジアの地域統合を進めると、アメリカが怒るのではないか、日米同盟に悪い影響を与えるのではないかといわれます。厳密に考えればさまざまな問題は出てくるかもしれません。しかしアメリカは、戦略的・外交的にはうまい国家ですから、日米同盟、米韓同盟を続けながら、アジアの地域統合にこの一〇年間で驚くほど食い込んできていて、いまやアジアの地域統合の半分に参加している。ですから、アジアの地域統合を進めることは、もはやアメリカを排除することにはならないのです。アメリカを含むアジアの地域統合はありうる、既にある、というのが私の分析のうえでの結論です。

他方で、一二のアジアの地域統合、地域協力組織のうち、アジアプロパー、アジアだけの組織というのは、驚くべきことに、実は三つしかありません(ASEAN、ASEAN+3、SAARCの三つです)。これは先ほどみた、さまざまな機能的な組織が、内側にしっかりと、さまざまな形で作られているというEUの場合と全く違う現象です。こうした、アジアの地域統合組織にはアジアだけの組織がほとんどないという現象を、私は「ドーナツ現象」と名付けましたところ、ハーバードでも、国際会議でも、ジョセフ・ナイやスーザン・ファーにも、大変面白がられました。

つまり、ヨーロッパは内に向かって統合が機能的に細分化しているのに、アジアの場合はアジア内部は空洞化しつつあり、他方で、ドーナツと同じように、外に広がっている。遠心力現象です。アメリカは五つに入っていて、TPPで六つ目となる。さらに広がっていく可能性も高い。EUのように内にリジッド(強固)な機構でさえ、アジアでは三つに入っている。アジアは今後、地域「間」統合として、外に向かう遠心力がとても強い。他方、内部は、空洞化している。ASEAN以外は非常に弱いという不安定な状況がアジアの地域統合です。これをどうしていくか、が課題になってくると思います。

8 アジアをどう組織すべきか?

How we could recognize Asia under crisis?「危機の時代にアジアをどう再編するか」、ということで提案をしたいと思います。

一つは、今ある経済的に優位な関係を安定的持続的に発展させる。これは極めて重要で、オバマ自身がWe are the member of Asia-Pacific、「アメリカはアジア太平洋のメンバー国」といっています。アメリカはアジアにすごく関わりたい。アメリカ経済がうまくいってないからです。そしてアジア経済がイマージング・パワー（emerging power、新興国）として成長しているからですね。だからアメリカもEUも、アジアと結ぶことによって、自国の停滞した経済を再活性化したいという強い要求があるのです。

二一世紀の一〇年、パワー・バランスは変化してきています。ここ二〇〇年間は、欧州・アメリカが中心で、ここ一〇〇年間、第一次世界大戦以降、アメリカの経済力・軍事力は、非常に強かったけれども、今二一世紀になって経済力によりアジアの時代が始まろうとしている。そのとき、アジアの地域統合だけが真ん中が弱くて外に引っ張られている、「ドーナツ現象」というのは、将来、非常に不安定な状態を引き起こしてしまうと思います。

それがつぎの点と関わってきます。不安定な状態を放置すると、安全保障が非常に不安定化して、さまざまな紛争や問題が起こってきますよね。

ご存知のように、アジアのアライアンス（Alliance、同盟関係）というのはなかなか安定的に形成されていません。安全保障でアジアの同盟関係を作ることは、さまざまな異なる体制があるため、困難であるにしても、例えば「非伝統的な安全保障」のような形で、もう少し広げていくことが可能であろうと思います。伝統的安全保障というのは、軍事同盟ですね。それに対して、非伝統的安全保障というのは、ＳＡＲＳや鳥インフルエンザなどの感染症や、食の安全とか、アジアで多い災害、地震や津波に対してどのように予知し防いでいくか、対応していくか、さらには福島に象徴されるような、原発事故後に、放射能が海を越え広がっていくような状態をどう防いでいくかという、さまざまな専門的協同が極めて必要・可能な枠組みなのだと思います。

9 中国の民主化は急がない―不安定化の回避―

それから、これは最近いわれていることですが、中国の民主化は急がない方がいい、慎重に、という見方が最近出てきています。なぜなのか。

ソ連は民主化を急ぎ導入するなか、国内が不安定化し諸共和国が独立して、解体しました。ユーゴスラヴィアも民主化を導入する過程で、不安定化と民族紛争を引き起こし、対立と紛争の泥沼化の時代が一〇年続いていく。あるいは、イラク戦争のあと、イラクに民主化を導入したアメリカは、戦後日本のような民主主義国家にするといいました。けれども、九年たってようやく二〇一一年末にイラクから撤退したときも、アメリカは当初の目的、民主化をイラクに根付かせることを達成できなかった。今、イラクは再び不安定化し、アメリカは再介入を余儀なくされています。

民主主義は、ホモジーニアス（homogeneous、均質）な社会ではうまくいくが、ヘテロジーニアス（heterogeneous、多民族的、多元的）な社会、特に宗教対立や民族対立が続く地域では、必ずしもうまくいくとは限らない、うまくいった国があるとしたらラッキーだと、UCLAの教授、マイケル・マン（Michael Mann）は述べています。少数者に対する権利の擁護とか市民社会形成によって、多民族・多宗教社会で、民主化システムをうまく機能させることは必ずしも簡単ではなく、国家にとっても最短・最善の解決となりえない場合があるともいわれています。

ソ連やユーゴスラヴィアのように、あの一三億人の中国で、もし民主化が導入されうまく機能せずに不安定化して民族独立や、国家崩壊が起こった場合、それは中国だけではなくて周辺国家にも膨大な影響を与えます。例えば中国が解体して、一億人近い移民や難民が排出された場合、どこがそれを受け入れるかという問題も発生します。ミャンマーからの難民、ベトナムからの難民とは規模が違います。それを例えば韓国と日本だけで、あるいはアジア周辺国家だけで対応できるかという懸念もある。だから、中国を不安定化させることは東アジアや世界にとっても、得策ではないということになります。これは統一ドイツの例からも教訓が引き出されています。

東西ドイツの統一では、一五〇〇万人くらいの人口の東ドイツを、あの発展した西ドイツが受け入れた。しかしそれだけでも、格差是正と統合に二〇年という大変な時間と労力を必要としました。東ドイツとの格差は未だに埋まっていません。韓国はこれをみて、北朝鮮の解体は韓国だけでは対応できない、周辺国との共同が必要であるといっている。

ですから、簡単に「民主化」というけれども、実際に民主化への転換は、一九八九年以降の経緯をみる限りにおいては、極めて慎重に、なおかつ周りの国々の協力を得てやっていかないといけないと思います。多民族国家で、多様な宗教が存在する社会に民主主義を導入したときに、民主主義は基本的に多数決の原理ですから、少数者をどうコントロールするかをきちんとやらないと、逆に不満を拡大させ、不安定化し、紛争を多発させてしまうという問題が起こってくることになります。

こうしたなかで行うべきことは、アメリカのジョゼフ・ナイが提案しているようなソフトパワーをどう強化していくかです。安全保障では問題があったとしても、例えば文化、ポップカルチャー、漫画や映画など、日中韓の若者の文化を中心に、交流をどう広げ、深めていくか。さらに、アジアではまだ弱いシンクタンクのような組織をネットワークとして拡大していけば、お互いの問題を共同で解決していく方策がみえてくるのではないかと思います。

10 「敵との和解」

最後に、独仏和解に象徴されるような「敵との和解」をどう考えるかが、今、アジアでは極めて求められている課題なのではないかと思います。

ドイツとフランスは、第二次世界大戦後に最終的に和解を迎える前に、二度の大戦を経て、ヨーロッパで数千万人の死者を出し、多くの都市を荒廃させて、二つの戦争を終えました。ドイツとフランス、そしてヨーロッパの国はもう二度とこの地域を戦場にはしたくないということで、エネルギーの共存を通じた和解が行われました。エネルギーは実は戦争の原因であり軍需産業の基礎でありました。それゆえ戦争原因としてのエネルギーを共同で管理することで、ヨーロッパは、一〇〇〇年~二〇〇〇年に亘る戦争に終止符を打ち、その結果、戦後七〇年全く戦争を起こしていないという奇跡の状態を生みだしているのです。

だからアジアでは、欧州に比べ、仲が悪いから共同体は作れないということは決してない。むしろ第二次世界大戦後、数千万人のむくろのうえに、たった七年間で統合を進めたヨーロッパに思いをいたしてください。欧州は、独仏は、アジアと比べてさえ、どれほど仲が悪かったことか！

アジアで急務なのは、ＥＵとの比較でみた「ドーナツ化現象」という、求心力が弱く、遠心力が強い状況を解消していくことであると思います。これはなかなか解決しがたい。そのうえで、地域の「外」との関係はむしろ発展させていくべきなのではないかと思います。

今後の地域統合というのは、グローバル時代に、単に地域ブロックを形成するのではなく、周辺の地域とも結びながら経済発展をしていく。

東アジアでは隣国関係は、現在極めて難しいですが、それをやっていく必要がある。経済は両者の利益を実現することができますが、領土問題はゼロサム・ゲームです。つまり一方がとったらもう一方は負けるわけですが、重要なことはゼロサム・ゲームは終わりがないということです。

第一次世界大戦、第二次世界大戦は、領土拡大と領土回復戦争です。二度目は、戦争に負けて領土を取られた側が、領土を回復するために起こした戦争です。失った側はより復讐心や敵愾心が強くなる。今、日本が、周辺三カ国との間に、領土問題を抱える当事国であり、さらにこれらをめぐって二国間関係で、一触即発の状況が起こり、あるいはどちらの側もナショナリズムを強化しているからこそ、こうしたなかで紛争解決のための外交力と、紛争を封じ込めるための経済協力・地域統合が必要になってきているのだと思います。

二〇一二年八月に私たちは、東アジア共同体評議会を組織する伊藤憲一会長らが長年参加している組織、「アジアシンクタンクネットワーク、NEAT」の日本代表グループの一人として中国の北京に行きました。そこでは、領土問題の深刻化を踏まえ、中国の外務副大臣から、首脳レベルのホットラインの形成が必要である、信頼構築が必要である、という提案がなされました。さらに市民レベル、企業レベル、学者レベルで友好・協力関係のネットワークを強めていくことで、戦争の勃発を防ぎ、経済関係を発展させていくという時代に入っているのだと思います。私からも、対立国の間のネットワーク構築の努力に加えて、若者の力を育てることが極めて重要だということを語りました。本日聴いてくださった皆さんにも、この不安定な東アジアの状況のなかで、今後日本はどうしていくべきか、を真剣に考えていってほしいと思います。

最後に、みてきたように、二一世紀は経済的にはアジアの時代であることは統計からみても明らかです。それを領土問題をめぐる対立で緊張化させることは愚かな行為といえるでしょう。アジアが結びつくこと、空洞化を防ぐこと、アメリカやEUなど外との協力関係も発展させていくこと。これらこそ、世界の金融危機あるいは経済危機に対処し、敵対を信頼に変えていくエネルギーになるのだと思います。

これから世界で活躍される皆さんにも、アジアの経済発展と、近隣諸国との協力について、領土問題の鎮静化と地域の共同について、統計を含めて研究していっていただければと思います。ご清聴ありがとうございました。

（羽場久美子）

【注】

（1） Angus Maddison, *Contours of the World Economy 1–2030 AD, Essays in Macro-Economic History*, Oxford University Press, 2007.

羽場久美子『グローバル時代のアジア地域統合』岩波書店、二〇一二年を参照。

第6章　アジア共同体とヨーロッパ統合
―アジア欧州首脳会合(ASEM)の発展―

1　欧州統合の実験とアジア共同体

私は本学で欧州統合に関する授業を担当しています。地域統合を考えるときに、しばしば参考にされるのは欧州統合（欧州共同体（EC）・欧州連合（EU））の先例です。アジア共同体を考えるときにもそれはいえます。しかし、これもまたよく指摘されることですが、ヨーロッパの例をアジアや他地域に応用することはできないということです。それは地域によって歴史、文化、地理的条件が大きく異なっているからです。

問題は違いは違いとして、ヨーロッパ地域統合の良い点をいかにそれぞれの地域にふさわしい形で取り入れていくかということです。他方でヨーロッパからすると、その他の地域との関係をグローバルに拡大していくなかでその理念や発想を普及させると同時に、ヨーロッパの存在感を示し、自らの実益も確保したいという意図があります。

ここでは、以上のような観点からアジア欧州首脳会合（＝ＡＳＥＭ、ＥＵ二八カ国・スイス・ノルウェー、欧州委員会とＡＳＥＡＮ＋インド・オーストラリア・韓国・中国・日本・ニュージーランド・パキスタン・バングラデシュ・モンゴル・ロシア、ＡＳＥＡＮ事務局）について考えてみましょう。

２ アジア欧州首脳会合（ＡＳＥＭ）

ＥＵとアジアとの地域間関係を代表するものは、一九九六年三月に初めてバンコクで開催されたＡＳＥＭ（Asia-Europe Meeting）です。

ＥＣとＡＳＥＡＮの関係は一九七二年まで遡りますが、七八年一一月にはブリュッセルで第一回ＥＣ・ＡＳＥＡＮ閣僚会議がスタートし、七九年からＥＣは第一二回ＡＳＥＡＮ拡大外相会議（ＰＭＣ）に参加し始めました。八〇年三月の第二回ＥＣ・ＡＳＥＡＮ閣僚会議ではＥＣ・ＡＳＥＡＮ協力協定が調印されましたが、これは貿易を中心とした「第一世代」の関係を発展させて、経済協力への拡大を意味する「第二世代」の協定でした。九四年の第一一回ＥＵ・ＡＳＥＡＮ閣僚理事会は賢人グループ（Eminent Person Group: EPG）の創設を決定し、二一世紀に向けた両地域関係のますますの発展を目指すことになりました。

3　EUの新アジア戦略とASEM

冷戦が終結し、一九九二年に域内統合市場を実現したEUは、アジアへの関心を積極化させていきました。九四年七月に欧州委員会によって採択された「新アジア戦略に向けてTowards a New Asia Strategy（「新アジア戦略」）」と題するEUの対アジア行動方針が採択されました。EUにとって自由化の下に成長著しいアジア太平洋諸国との協力関係を強化し、世界の潮流に乗り遅れないことは至上命題でした。

この文書は、①アジアにおけるEUの経済的プレゼンスの強化、②アジア諸国との政治・経済関係の拡大と深化、③アジアの安定と経済発展への貢献、④アジアにおける民主主義・法の支配と人権の発展への貢献をその目標としました。この新戦略の特徴は、貿易・経済協力を越えてより包括的な領域に及ぶ「第三世代」の協力にありました。

第一回会合（ASEM1）は、「さらなるパートナーシップ」の形成を提唱、双方の対等な立場の対話強化、相互理解の促進を主張しました。米国・アジア関係に比べて疎遠であった欧州・アジア関係に多国間レベルでの対話と連帯の新たな道が開かれた意義は大きいものでした。アジア諸国にとっては、かつての宗主国の代表と対等で自由な議論を行ったことはその国際的威信を内外に誇示する絶好の機会となりました。

第一回会合では、第一に、相互尊重・平等・基本的権利の増進・内政不干渉の原則の下での政治的対話の強化、知的交流促進のためのアジア・欧州財団（ＡＳＥＦ）の設立、ＡＳＥＡＮ・ＥＵ対話、ＡＲＦ（アジア地域フォーラム）、ＡＳＥＡＮ拡大外相会議（ＰＭＣ）などの既存の安全保障面での対話強化が確認されました。

第二に、経済協力面では、市場経済、多角貿易体制、無差別な自由化、開かれた地域主義に基づく両地域間の貿易と投資の一層の増大のために、関税手続きの簡素化・改善、自由化措置などを講ずることで合意に達しました。さらに、訓練プログラム・経済面での協力・技術支援強化を検討する高級実務者会合、中小企業を含めた貿易・投資の活発化のためのアジア欧州ビジネスフォーラム（ＡＥＢＦ）、学者・経済人・政府関係者らを対象とする青年交流計画、シンクタンクのネットワークづくりなどについても合意しました。

ＡＳＥＭの特徴は、①非公式性、二カ国関係と多国間関係のフォーラム（法的決定機関ではなく、全会一致の緩い合意形式の会議体）、②政治・経済・文化などを含む多面性、③対等のパートナーシップ・対話の重視、④高次元の関係を中心にすることなどです。

4　ＡＳＥＭの発展と問題点

このように、ＡＳＥＭプロセスがもつ利点は評価できますが、同時にこの首脳会議は時代の波に翻弄される脆弱さもあわせもっていました。

例えば、第二回会合は九八年にロンドンで開催されましたが、前年から始まり、アジア諸国に拡大した通貨・経済危機のあおりを受け、経済・金融再生をめぐる議論の末、「アジア欧州協力枠組み（AECF）」が承認されました。しかし、アジア通貨危機の勃発のせいでヨーロッパ側からの投資熱は急速に冷えていき、緒についたばかりのASEMに対する期待を一気に後退させました。成長したとはいえ、東アジア各国の経済の足腰がまだまだ脆弱であることが露呈したからです。そして、二〇〇〇年ソウルでの第三回会合では、全般的な機構整備と安定的な発展にもかかわらず、論争的な問題解決を掘り下げるべきことが指摘されるとともに、「フォーラム疲労」という批判まで聞こえるようになったのです。

その後のASEM会合は、議題が多様化し、協力の領域が政治対話・協力、文化面へと拡大・深化していきました。経済協力関係の強化がベースにあることは確かですが、他方で持続可能な発展分野を重視し、気候変動などのグローバルな課題への協力に向かっていることもASEMの大きな特徴です。

二〇〇二年にコペンハーゲンで開催された第四回会合は、九・一一同時多発テロを受けて、「二一世紀の挑戦」に対する政治的対話を強調し、「国際テロリズムに関する協力のためのASEMコペンハーゲン政治宣言」と「朝鮮半島の平和のための政治宣言」を発表しました。加えて、ドーハで提案されたWTOワーク・プログラムによる経済成長の促進や文化・文明対話を強調したことも、国際社会の時勢を反映していました。

二〇〇四年一〇月にハノイで開催された第五回会合は双方の加盟国の拡大のなかで（アジア側ではカンボジア、ラオス、ミャンマーの三カ国、欧州側ではEU新規加盟一〇カ国の新規参加）、政治分野では、多国間主義の強化および安保理を含む国連改革、テロ対策、大量破壊兵器の不拡散など時宜的なテーマに関する議論が行われました。前回の成果を受けて、「より緊密なASEM経済パートナーシップに関する宣言」、文化の多様性、教育文化・知的交流、持続可能な観光の促進、文化財の保護などに関する提言を承認し、「文化と文明間の対話に関するASEM宣言」を採択しました。

二〇〇六年第六回会合では、気候変動に関する「ASEM6宣言」を発表し、多国間主義の強化および共通のグローバルな脅威への対処を表明しました。二〇〇八年の第七回北京会合のあとの二〇一〇年の第八回ブリュッセルの会合では世界的な経済・財政危機の事態を受けて、「世界経済ガバナンス」の宣言、政治・文化対話の強化が強調され、二〇一二年のビェンチャンにおける第九回会合では、「福島原発事故」を受けて原子力の安全と平和利用のための提案がなされました。

5　ASEMの課題

このようにASEMの発展は、さまざまな紆余曲折を経て、米国を加えない欧州とアジアだけの会合としての特徴を生かしつつ、世界経済・政治動向と歩みをともにしてきたことは確かです。

しかし、ASEMの当初からの大きな課題は、アジアにおける人権の尊重と民主化の発展にあります。中国における人権問題は設立準備会議の段階でも大きく取り上げられていて、EUは経済的利益を優先する立場から、この人権問題を表面化させない方針を採ってきました。しかし北朝鮮問題やミャンマーのASEAN加盟はこの問題を再燃させたばかりか、民主化・人権が依然としてアジア・欧州関係の核心の大きなテーマであることを改めて確認させました。

またEUは経済・政治面での協力の一方で、安全保障面での協力を強く押し出しています。しかし、東アジアでは、北朝鮮の核ミサイルの脅威や領土問題は、各国の個別の事情を反映して容易に合意には達しえない難題です。EUにすれば、長期的で広範な協力関係の深化には安全保障面での安定した関係は不可欠ですが、今後の展開を待つしかないのが現状です。

（渡邊啓貴）

第７章　東アジアの安全保障環境
―「東アジア共同体」建設の制約条件―

1　冷戦終結とグローバリゼーション

この連続講義の大きなテーマは「共同体」です。そして今日私に与えられたテーマは、最初は「アジア・太平洋の安全保障」でしたが、範囲が広いので、東アジアに限定させていただきました。まずは、今回の連続講義の共同体という大きなテーマと今日の講義がどのように関係してくるのかをお話しします。皆さんが生まれた頃に冷戦が終わっていました。冷戦をどう定義するかはなかなか難しいのですが、紛れもなくこれは一つの秩序だった。秩序ということは、相手の動きがわかる、あるいは冷戦という秩序のなかで行動しているアクター、当時は主として国家ですけれど、そのほかに多国籍企業、国連機関・ＮＧＯといったアクターも冷戦という枠組みのなかでは、何がどう動くかという予測がついていたのです。良くも悪くも冷戦という、モートン・カプラン的にいえば「緩やかな双極システム」というのは、秩序でした。それなりに安定していました。確かに、核による全人類絶滅という脅威は絶えずありましたが、ある意味では核抑止論者の考えだけではなくて、核兵器が存在することもあって、米ソあるいはアメリカ陣営・ソ連陣営に属する同盟諸国の行動パターン、あるいは相手の行動パターンを予測することができました。そういう意味では秩序だったのです。ところが、今から二〇年前の一九九一年一二月二五日に、ソビエト社会主義共和国連邦が約七〇年に及ぶ歴史に終止符を打つ。そこから国際政治は非常に流動化する、あるいは三・一一複合災害後に使われた言葉で、あまり使いたくはありませんが、国際政治状況そのものが非常に液状化してきた。要するに、同盟国の行動パターンもなかなかみえないし、ましてやかつて相手のブロックに属していた国の行動も予測がより難しくなるという状況が起こってきました。と同時に、冷戦の終結をきっかけにして現代グローバリゼーションが始動します。グローバリゼーションといえば、人類史そのものがグローバリゼーションの歴史だというい方もあります。しかしそれではあまりにも広いからもう少し絞ってみると、一五～一六世紀以降の商業資本主義に端を発し産業資本主義・金融資本主義生成以降の世界の歴史、これがグローバリゼーションの歴史だとするいい方もあります。これも意味はあると思いますが、現代グローバリゼーションというのは、やはり一九九一年一二月二五日にアメリカのカウンターパートであったソビエト社会主義共和国連邦が崩壊し、冷戦が終結することを契機にして始まったと思います。なぜかというと、アメリカ国防総省、即ちペンタゴン（陸・海・空・海兵隊・沿岸警備隊）が冷戦時に独占的に使っていたインターネットを民間に開放することによって、まずもって金融経済のグローバリゼーションが進みます。このことが非常に大きかった。膨大な規模だったコンピューターが、今皆さんが使っているような小さな機械に入るようになったのも、インターネットの開放から始まっています。このグローバリゼーションが進むことによって、いわば西洋化がアラビア世界にも及ぶのではないかとか、あるいは自分たちの伝統的な文化がアメリカ化していくのではないかという反発や恐怖を生み出して、反西洋や反米的な感情が広まっていきます。

それに対して、ヨーロッパ統合の動きはすでに一九五〇年代の末からあったわけですが、グローバリゼーションによるアメリカ化・西洋化に対する反発もあって、リージョナライゼーションが進みます。グローバリゼーションに対するリージョナリズムやナショナリズムが強くなりました。グローバリズムはグローバリゼーションを「よし」とする考えや、それを進めようとする政策、あるいはグローバリゼーションを進めるメカニズムや組織であり、WTOはグローバリズムの表面といっても良いほどです。それに対する反発が、一方ではナショナリズムとして強まってくる。自分たちは自分たちでガバナンスのメカニズムを作るという動きが出てきたのです。それに対して、こういう行き過ぎたナショナリズムとグローバリズムの中和剤として出てきたのがリージョナリズム、あるいはその動きとして出てきたリージョナライゼーションです。「イズム」ですから、思想あるいは政策、またはそのための機関です。「ゼーション」というのは変化や動きです。このリージョナリズムというのは、グローバリズムやグローバリゼーションに対抗して出てきたわけです。

また、靖国参拝とか、「死を賭してでも尖閣を守れ」という桜井よしこさん的な考え方や世界各地・

各国でも出てきたナショナリズムもなかなか悩ましいものです。先週の『朝日新聞』では、コーネル大学名誉教授のベネディクト・アンダーソンが、「ナショナリズムは行き過ぎてはいけないけれど、温和なナショナリズムであれば」、「心の中に抱かれた想像の共同体（Imagined community）」が国家・国民になると述べています。このimagined、即ち自分たちは共同体に属しているという思いを募らせる接着剤がナショナリズムなのだと。これは、ある意味では健全なナショナリズムですが、靖国参拝とか、過去の中国侵略は侵略ではないというのは、まさに不健全で事実とも違うわけですから、あってはならないと思います。こういう健全なナショナリズムと行き過ぎたグローバリズムを中和する中間項としてリージョナリズムが出てきたのでしょう。

もちろん、冷戦を契機にヨーロッパ統合が進んだわけではありません。クーデンホーフ＝カレルギーのヨーロッパ統合運動は、もっと早くから出てくる。普仏戦争による惨害、あるいは第一次世界大戦による一二〇〇万人もの人間の犠牲を前提に、クーデンホーフ＝カレルギーの思想が出てきます。彼の母親は、日本に外交官として駐在していたオーストリアの貴族と結婚した日本人の光子さんという人です。ヨーロッパ統合の動きは、冷戦の終結とは関係なく、もっと前からあったというのは事実ですが、やはり冷戦が終息することによって加速し、EU全域ではありませんがユーロを導入しました。これは、現在のEUの抱えている財政危機の一つのきっかけになったわけですが。いずれにしても、冷戦の終結をきっかけにリージョナリズムが動き始めます。もちろんASEANも、冷戦の終結をきっかけに現れたわけではなく、もともとは反共同盟として六〇年代にできました。しかし一九七二年に米中接近があり、一九七九年に米中が国交を樹立することによって、ＡＳＥＡＮは反共同盟、とくに毛沢東主義者による反政府運動を封じ込めようとする目的を強くもっていたのが、地域の経済共同体に変質していきます。

２　国際政治の二つの見方

渡邊先生が設定された大きなテーマである「東アジア共同体」は、あくまで構想です。ＥＥＣをベースに最終的にできあがったＥＵも、とくに冷戦終結との関係性でいえば、ユーロの導入があり、そこに問題が生じたといえます。欧米的な考え方、「弁護士的なアプローチ」すなわち、何時までに何％とか、何をするとかいうヨーロッパ的なやり方ではなくて、「ASEAN way」という、ある意味緩やかな合意を形成して地域内のガバナンスを確保しようとする、いわばアジア的な、緩くて温和なアプローチをＡＳＥＡＮは採っていました。

では、ＡＳＥＡＮがあるのになぜ東アジア共同体構想が出てきたのかというのが今日の最終的なテーマです。現実はどうなのかというと、私も伊藤憲一先生のいらっしゃる東アジア共同体有識者会議に参加させていただきました。東アジア共同体構想が出てきた理由は、緩やかに結びついているＡＳＥＡＮに比べ、日中・日韓のあいだに大きな懸案があるからです。二〇一二年の八月から九月にかけて、ソウルの高麗大学で研究をしてきましたが、その間いろいろなところに出されてボコボコにされそうになりました。李明博の竹島上陸をきっかけに、もともと燻っていた日本の韓国人女性に対する従軍慰安婦（sex slaves, comfort women）問題とか、あるいはソウルの日本大使館前に置かれた従軍慰安婦のブロンズ像─外交儀礼からするとまったく理解に苦しむようなことをやっているわけですが─などをきっかけに、日韓関係にも溝が深まっています。さらに、メドベージェフが北方四島を訪問することによって、改めて北方四島問題が浮かび上がってきました。そこで中国や韓国の雑誌は、「日本は四面楚歌ではなく三面楚歌である」という表現まで使っています。実際には、歴史の常識に沿えば三面楚歌といってもそれぞれの問題の意味は全部異なるわけですが、アメリカにいる友人の研究者達もそういう見方をしています。すなわち、中身はみないで結果だけをみて「日本は三面楚歌になっている」というのです。これは、そのことによって、日本はアメリカとの関係を弱体化することはできないという思いを込めているのです。

先ほどお話ししたように、冷戦終結をきっかけに加速したグローバリズムとナショナリズム、その調整弁としてリージョナリズムと共同体構想が出てきたわけですが、現実は、ＡＳＥＡＮよりも東アジアのなかの日中韓に非常に深刻な問題が起きていて、東アジア共同体ができて、たとえば日本海を一つの湖として、周辺国が経済的にも人的交流的にも繁栄していくという夢を抱いて提唱していたのが、にわかに冷や水を浴びせられるような現実がわれわれの眼前に広がっています。何でそうなったのかということと、その結果今どうなっているかを考えたうえで、ではその棘を抜こうとしている作業としては何があるのかをこれから話したいと思います。若干復習しないと現実も理解できない部分もあるかと思います。

今われわれの眼前に広がっている世界は、人によっていろいろないい方をしますが、今まで長く続いてきたウェストファリア的な世界と、今後出現するかもしれないポスト・ウェストファリア的な世界とがせめぎ合い、重なり合う世界なのではないかと思います。ウェストファリア的世界とは、まず主権国家が中心的なアクターになり、国力とりわけ軍事力をもって国益を肥大化させようとし、内政不干渉の原則を守ろうとする、領域主権・主権平等という観念を重視する世界です。大きな国も小さな国も主権は平等であることと、その主権が主に領域によって表されるということを指します。ポスト・ウェストファリア的世界における希少資源配分行為としての国際政治のアクターには、主権国家だけではなく、二回の世界大戦をきっかけに本格的にでき始めたトランスナショナルな、国連―当時は国際連盟―を中心とする国際機関、民間の国際機関、多国籍企業、あるいは国際的なNGOもあります。ちなみに、負のアクターとしては、アルカイーダに象徴される国際テロリストとか、マフィアの国際的な連携などがあり、これらの間で闇の世界のグローバリゼーションも進んでいます。中国の暴力団・犯罪組織と日本の山口組が水面下で提携し、さらにはマフィアと提携し、麻薬の取引や人身売買などで暗躍する部分もあります。

なお、軍事力だけでなく経済力とか、最近の言葉でいえばジョセフ・ナイの提唱した「ソフトパワー」、即ちみんなを納得させる、あるいは文化に対して共鳴させるような、軍事力のような「ハードパワー」ではないパワーも国際社会を動かしていくより重要な要素になっていきます。今、その両方がせめぎ合っているのが今の中国です。アメリカはポスト・ウェストファリア的世界を代弁しているのかといえば、必ずしもそうではない。ブッシュJr.大統領（第四三代大統領）時代にハードパワー重視の方へ戻ったのではないかといわれました。それはラムズフェルドなどのネオコンサーバティヴ、いわゆるネオコンに引っ張られてきたところがあります。本来なら、アメリカやEUはポスト・ウェストファリア的世界の主導者になるはずなのが、アメリカはハードパワーの発想に立ってイラク戦争に突き進んでいきました。それを、今のオバマ大統領が必死にソフトパワー重視の方へ戻そうとしているという見方も可能です。この二つの親潮と黒潮がせめぎ合い重なり合うところにわれわれは生きていて、先ほどの主権国家の主権平等や軍事力といったものは非常に古典的でリアリスト的なものの見方です。対してソフトパワーは、どちらかというとリベラリスト的な、かつてイマヌエル・カントが夢みたような世界を象徴する観念です。その延長線には「デモクラティック・ピース」論というものが出てくると思います。全体主義国家・独裁国家とは異なり民主主義国家は相互に戦争しない、または戦争する可能性が低いという考え方です。なぜならば、民主主義国家では主権が国民一人ひとりに存するために、戦争は起こしたくない、戦争を起こすような政権には投票しないという傾向が強いからです。あるいは通商を密にしていくと、これもジョセフ・ナイなどが広めた考え方である「相互依存interdependence」状況が進むことで、戦争したくてもできなくなるという考え方があります。この二つがせめぎ合っている。リアリスト的な見方と同時にリベラリスト的な見方もしないとみえない現実があるということです。

こういう二つの見方を前提としてこの東アジアをみるときに、アメリカの動向と中国の動向を再確認しつつ、一時は希望の星であった「東アジア共同体」論がなぜ今はくすんで冷や水をかけられつつあるのか、そこから脱出するにはどうしたら良いのかという話に進んでいきたいと思います。

かつては「P5 & G7」といわれていました。P5は国連の安全保障理事会一五カ国のうち五カ国の常任事理国（permanent members of security council）で、残りの一〇カ国の非常任理事国は二年任期で交替します。拒否権をもっているのがP5です。それからG7は先進資本主義・民主主義国のことです。こういう冷戦期の形が、冷戦が終わるとロシアを入れるか入れないかについては議論がありました。こういう冷戦期の形が、冷戦が終わることによって、これだけではグローバル・ガバナンスが実行できないとしてG20が出てきます。あるにはありますが今度は多すぎて議論が煮詰まらない。そのうちにアメリカでは、ブレジンスキーなどが中心となって、米中が世界を共同管理（condominium）すべきというG2論というのが出てきます。G20のなかにはG7もBRICSも、さらにはトルコを中心とするNext11も入っています。しかし現実にはただ集まるだけでは「船頭多くして船、山に登る」形でなかなか決まらない。このなかのGDPで一位と二位の米中で管理しようとする趣旨です。しかし、そうなると中国は、そんな責任は負えないと降りてしまった。そこで、最近あちらこちらで議論されているのがGゼロ論です。要するに、責任を取る、世界を仕切っていこうとするコーディネーターすらいないのではないかという議論です。先ほどお話した液状化・流動化とほぼ同義語なのがGゼロ論だろうと思います。先ほどの話に戻すと、グローバリズムとナショナリズムの中間レベル・メソレベルとしてのリージョナリズムが強調され、地理的に近い者同士が地域レベルでのガバナンスを執っていこうとする、共同体論が出てくるのです。

3　東アジア国際関係の変容と中国ファクター

冷戦期のアメリカは、もちろん対ソ封じ込めと核抑止が中心でしたが、今から二〇年前に冷戦が終わってから、ソ連圏を封じ込めるのはコスト的に合わないどころか意味がなくなってきました。そこで、新しい脅威を中東と極東に置きます。中東は一時、「アラブの春」で夢があるような話がありましたが、今またシリアで―どちらが正しいかは別として―非常に深刻な流血参事が起こっており、一方でパレスチナではここ一週間、イスラエルの逆ホロコーストがパレスチナ住民に対して行われていま す。イランでは核開発が進み、イスラエルがその核開発施設に対してミサイル攻撃をするのではないかという噂がずっと続き、アメリカがこれを必死になって抑えようとしているのではないかという情報も伝わってきています。そして、東アジアでは北朝鮮の核開発が深刻化して来ています。この二つを重視して、アメリカは軍事力を張り付けるのが、冷戦後の二正面作戦であったわけです。ところが、今から一一年前の二〇〇一年に九・一一事件が起こりました。それ以降は、当然、前面に出てくるのは「テロとの戦争」です。「テロとの戦争」をしつつイラク戦争が始まって、当時のブッシュ政権が打ち出した戦略というのが「不安定の弧（Arc of Instability）」です。この「不安定の弧」に乗っかって、当時日本の麻生政権は「自由と繁栄の弧」といいました。中国を強烈に意識した戦略で、地域大国の台頭を許さないという意味です。その当時すでに中国が台頭してきたという現実がありましたが、少なくとも意識のなかでは地域大国（regional hegemony）の台頭を許さないという意志を明確に出すものです。これが「不安定の弧」、北朝鮮から中国大陸、当時のミャンマーを意識し、そして中央アジアから西アジアに至る地域の暴発をなんとか抑えようとする意識だったわけです。今日、アメリカは「財政の崖」が深刻になっていますが、すでに一〇年以上も前から財政の危機に見舞われていて、ねじれ議会、アメリカの政治用語でいえば「分割政府（divided government）」が登場します。上院では二〇一二年一一月の選挙でも民主党が勝ちましたが、下院では共和党が勝つというねじれが生じました。日本でも衆議院では一時期、民主党が過半数をとりましたが、参議院では自公が多数派をとっています。このようなねじれ状況が続いていて、なかなか予算執行が認められず、限られた予算でアメリカの戦略をどこに絞っていくのかという悩みのなかで出てきたのが、「リバランシング政策」または'Pivot to the Pacific'で、オバマ政権が第一期の後半に打ち出します。これは突如と出てきたわけではなく、冷戦が終わり中国をはじめとする国々が、国内的には締め付けを強めながらグローバリゼーションの波にうまく乗ろうとする、そして経済的な力をつけてそれを基に軍事力をつけてくるという流れです。これに対してアメリカは中国を最大の脅威・ライバルと定めて極東地域に軍事力を集中させるというのが「リバランシング政策」です。

先ほどいいましたように、冷戦が終わったことは中国にとっても非常に大きいことでした。かつてアメリカ帝国主義は「ペーパー・タイガー」だとしていた中国が、今度は旧ソ連との歴史的な領土問題や、キューバ危機の際にフルシチョフがケネディに譲歩したことへの批判から、毛沢東が冒険主義に走ります。そうするとソ連側は、もし毛沢東中国の核開発に協力したら本当に使いかねないとの脅威から原子力技術者を引き揚げます。また、歴史的な事件のみならず、ソ連と中国は八〇〇〇キロメートルにわたって国境を接しているわけですから、絶えず領土問題が起きます。とくに遊牧民は「国境」観念をもたずに移動しますから、当時、ソ連の一部だった中央アジアのウズベキスタン、キルギススタン、カザフスタンの遊牧民たちがいつの間にか中国の領土に入ってしまう。近代化とは、簡単にいえば「区別する」「線を引く」ことで貿易を行うということですから、近代の感覚からすれば「国境侵犯」になりますが、彼らはそのような感覚とは関係なく暮らしているわけです。

当時は、中国の国連代表権問題や、一九六九年三月のダマンスキー島（珍宝島）事件をきっかけに、中国とソ連が核戦争に入るのではないかとさえいわれていました。核兵器をもっている中ソ間に核戦争が起きるとアメリカのみならず韓国・日本といった同盟国も巻き込まれるということで、当時、アメリカ大統領補佐官であったヘンリー・キッシンジャーは、中国に肩入れする役割を任されます。これが「米中接近」の要因の一つだと思います。それから、アメリカに不利に動いていたベトナム戦争を終結させようとしていた頃、北ベトナムの背後にいる中国と話をつけて、ベトナムをパリ平和会議のテーブルにつけ、なんとかアメリカが背中を撃たれずにベトナムから撤収しようとする、という三つの思いがあったわけですが、そのなかでも最も緊急を要する理由は中ソ核戦争の可能性の高まりでした。

そういう中国がアメリカと提携することによってソ連に対する戦略的優位をもとうとする、また、米ソ間の冷戦が終わることによって両方からの圧力がなくなるという国際環境の大きな転換が、中国に「息つく空間」を与えます。それまではアメリカと戦い、ソ連とは八〇〇〇キロメートルの国境を接して対峙するという緊張感のなかで一九六〇、七〇年代を経ながら極度の精神的不安とヒステリーのなかで文化大革命が行われます。これは毛沢東が権力を奪還しようとする思惑とうまくマッチしたものと思います。しかし、今や冷戦が終わり、とりわけソ連は中国が学ぶべき失敗を経験しながら崩壊していき、中国はアメリカとも時々緊張を起こしながらも国交を樹立しているように、国際情勢が大きく変わってきました。

ただ、中国が抱えた問題は、対立していたとはいえ社会主義のモデルとなっていたソ連が失敗したことで、今でも名称は「社会主義市場経済」体制だけれども社会主義への信頼度は低下しています。多くの人々に支持させ、国民軍や日本軍と命をかけて戦わせるような「結果の平等」という社会主義理念が隣のソ連で失敗しているにもかかわらず、中国共産党は権力を手放さない。ではその権力の正当性は何かというと、鄧小平が「白い猫でも黒い猫でも、ネズミを獲る猫が良い猫だ」と主張した、豊かになれる者が先に豊かになれる「先富論」に基づく経済成長です。かつてのソ連時代のような脅威はもうない、アメリカとの提携も進んでいる、そして米ソのグローバルな緊張もなくなった。そこで、この社会主義モデルから経済成長を中国共産党が進めていく条件が整ったのです。いわば「社会主義市場経済」は厳密にいうと理解しにくい言葉ですが、翻訳し直せば、「政治的には中国共産党が権力を手放さず、人民をコントロールしながら資本主義経済を運営している」ということになります。先富論の矛盾は今現れてきているわけですが、それは換言すれば今亡霊のように復活している「国家資本主義」です。その矛盾があるためにこそ、経済成長をさせとにかく豊かにする、それが中国共産党の権力を保証するものになる。その経済成長のために、国有企業を民営化して採算の合わないものはどんどん潰していく、あるいは海外資本にアクセスする。とくに石油・天然ガスなどのエネルギー資源へのアクセスを強め、オーストラリアの資源会社を買収したり、カナダの資源会社を買収しようとしたり、というようなことをグローバルに展開しながら、中国では採れない天然資源を大量に確保するため中央アフリカあるいは北スーダンに手を伸ばしてきました。

かつての平和路線からここ約一〇年のあいだに大転換が起こりつつあり、基本的に大陸国家であった中国が海洋国家に転換しようとしている背景には、水資源が枯れつつあり、森林を切り倒して燃料にし、しかもそこに植林しなかったことで砂漠化が進んでいることが考えられます。北京などの都市の周辺まで砂漠が広がってきていて、郊外の水資源も将来枯渇する、そこで長江から運河を敷いて中原まで水を運ばないといけないという議論すら真剣に行われているくらいに、環境的な変化も上記の中国の変化の背景にあると思います。

中国が海洋国家へ転換しようとしているもう一つの背景としては、先ほど話しましたように、経済成長を権力の正統性根拠にするために海外へのアクセスが必要になり、そのために沿海から近隣海域まで支配しシーレーン（海上輸送ルート）をもたねばならない、また、これを守るために強力な海軍をもたなければいけないという要因もあります。まるで一九世紀後半から二〇世紀にかけてユーラシア大陸の周辺部にプレゼンスしたイギリスを想起させます。当時いわれていた'Sea Power'とは、単純に「海軍力」を意味するのではありません。世界中に原料獲得市場と製品販売市場、資本流出市場をもつために商船隊が必要となり、その商船隊をガードするために海軍力が必要となり、海軍力をもつためには水と食料を補給し、乗組員の休養・保養ができる寄港地が必要となり、今のように電波が飛び交っているわけではありませんから、海底ケーブルをジブラルタルから地中海の小さな島に上げ、伝言ゲームのように次の島に英語のできる植民地のエリートを置き、シンガポールからさらに上海にまでつないでいくという流れが、セットとして「パクス・ブリタニカ」という秩序の構築につながりました。まるでそれを再現しているような動きをしているのが今の中国です。

アメリカでは「真珠の首飾り」と呼んで警戒しているラインが、中国の第一列島線からマラッカ海峡を経て、ミャンマー、バングラデシュ、スリランカ、そしてパキスタンまでをつなぐシーレーンです。二〇一二年の夏にカンボジアで開かれたASEAN外相会議で海洋における行動規範を作ろうという議論があったわけですが、中国外務省のスポークスマンは、この行動規範を強めていくと中国とASEAN諸国との関係を損ねていくと脅しました。なんとかASEAN諸国にくさびを打ち込もうとしている。こういう動きもあり、中国にとっては「ウザったい」議論が出てきているので、いわば「友好国」を育成してその港に至るルートを作ろうとしている。そこで中国とミャンマーとの関係が微妙になってきていて、オバマ大統領が再選以降早期に訪問したのもミャンマーです。今まで中国に引っ張られていたところにクリントン国務長官が行きスー・チーさんと会談し、さらにはダメ押しでオバマ氏が総仕上げに訪問しました。また、二〇一一年五月、オサマ・ビン・ラディン殺害によってアメリカとの関係が悪化していたパキスタンに、もともと関係の深かった中国がパイプラインを引き、湾岸地域の原油を内陸からもって来ようしました。こうやって陸からエネルギー燃料を確保するとともに周りとの緊張を低くしながらも、「真珠の首飾り」海上輸送ルートを使って、経済成長のためのエネルギー資源を確保しようとしています。また、二〇一二年現在ASEAN諸国の議長国であるカンボジアはタイとともに中国にかなりなびいています。ところが、スプラトリーなど、南シナ海における領有権問題をめぐっては、ベトナム、フィリピンと時々軍事衝突を起こし、緊張が高まっております。中国のこういう海洋路線を中心とした拡大には非常に脅威を感じ、ベトナム、フィリピンはアメリカとの軍事演習を行うなどの対抗措置をとっています。まさにこのウェストファリア的な世界、あるいは一〇〇年前の帝国主義時代の3B政策と3C政策を彷彿させるような動きが、ユーラシア大陸の東半分および海域アジアで展開されているということです。

日本との関係では、渡邊先生が外務省『外交』編集委員長を勤められていたときに私もこれについての論文を寄稿したことがあります。二〇一〇年一二月に政府は防衛大綱の見直しを行い、冷戦時代にソ連を意識して北海道に配置していた軍事力を西南諸島に移動させるわけですが、これは中国に同調的な人の解釈によれば、中国にとってはものすごく脅威に映るというのです。今までは北海道や北部方面にいた軍事力を西南諸島に移動させるというのは明らかに中国を意識したものだと。いろいろな雑誌でも取り上げられましたが、西南諸島の防衛に軍事力を移動させることはアメリカのリバランシング政策に乗っかっていくわけです。私自身は中国脅威論者でありますけれど、中国にしてみれば、世界ナンバーワンの軍事力をもつアメリカと世界一〇位内に確実に入る日本の自衛隊が共同作業をしながら中国の海洋進出を軍事力でとどめようとしていると認識するのも、ある意味ではわかります。テレビでも、さまざまな参考書にも出てきますが、われわれは日本を右手にみながら左にアジア大陸をみているけれど、中国大陸から太平洋側をみたらどうなるかというと、頭のなかで想像してみるとすぐわかると思います。自分が今、上海か北京にいて太平洋をみるとすると、フィリピン列島と台湾があって、石垣島から沖縄、日本列島があって、中国が太平洋に出ようとすると皆ブロックしているようにみえるのです。そこに米軍第七艦隊、在韓米軍と在日米軍がいます。フィリピンとアメリカは一時仲たがいしていましたが、今は訪問協定でフィリピンにも米軍が入ることが可能になっています。

かつて一九九六年に台湾で総統直接選挙が行われたとき、台湾が独立するのではないかということで中国がミサイル攻撃をしようとしたところ、アメリカの第七艦隊の空母が二隻向かってブロックしました。今は同じことは必ずしもできないかもしれませんが、中国からするとどうみえるかをも頭の隅に入れながら対中政策を進めていく必要があるのではないかと思います。確かに私は、冷静に考えても中国は脅威だと思っています。とくに四〇~五〇歳代の中国人民解放軍の将校たちの言動をみていると、まるで昭和一〇年代の日本の陸軍大学でテーブルの上だけで勉強し、豊富な実務経験もなしにただ頭のなかで日本ナショナリズムを鼓舞しようとして、結局日本をいわば滅ぼさせた人たちと同じメンタリティーをもっているのではないかと思います。頭のなかは秀才で、現実世界の至近距離でいろいろな価値観をもった人たちと話し合い、長期的にみて中国が安定的に発展するためには周りとの関係を円滑に保たなければならないことはわかっていながら、自分たちの軍の目先の利益だけを考える。日本の場合も「国益よりも省益」といわれることがありました。アメリカの場合もそうですが中国にもそういう部分がないとは決していえないわけです。あらゆることを軍事力に依存しようとする軍事優先的な思考をもった人たちに、いわば餌を与えないような対中政策が必要ではないかと思います。今回の尖閣諸島の国有化は、まんまと「暴走老人」石原氏の術中に野田政権がはまってしまったのです。野田総理の補佐官である長島議員によると、石原氏の──ナショナリストかどうかわからないけれども──東京都が尖閣を買うとどんなことをするかわからないので、国有化することで静穏かつ安定的に尖閣周辺をガバナンスすることになったとのことです。一見理解できるし、駐日中国大使館の外交官たちの了解も取り付けたというのです。確かにそれはそうだろうと思いますが、それが国有化となると、中国の人々の受け取り方が違ってきます。中国ではすべてを国がもっていますから、われわれがもっている「国有化」概念とは全然違う。中国側からすると「国が前面に出てきた」と、しかも南西諸島防衛というのがすでに二年前に出されている。そこにアメリカのリバランシングが出てきて、さらに国有化、となったわけです。われわれが「国有化」といっても、かつての社会主義国家における歴史的な言葉としてあるわけですが、中国では現実に、たとえば「マンションをもっている」といっても所有権ではなく「使用権」になります。この中国からすると「国が前面に出てきた」「日本の軍国主義が出てきた」ととらえられるということです。

このように、中国がもつイメージは、二年前の日本の防衛大綱見直しで西南諸島への軍事力移動とアメリカ・オバマ政権の「リバランシング政策」が重なり、さらに、中国大陸からすると全部包囲されている、となります。だから、国有化そのものが悪いわけではないのですが、まさに中国の権力の移行期にそれを行った今回は極めて異常だったわけです。一〇月に行われるのが一一月にずれ込み、胡錦濤が軍事委員会主席に残るかどうかギリギリまでやった。江沢民が最後まで粘り、それまでは車いすやステッキで動いていた人がどれも使わずに堂々と歩いてきて胡錦濤の隣に座ってけん制するという、まるで現代において三国志を思わせるようなすさまじい権力闘争が行われたと思います。

そういう予測が十分なされていたクリティカルな時期に尖閣の国有化が行われたということです。その前にはすでに、日本が北方領土問題をめぐってロシアとのあいだで問題を抱えているという認識を中国の指導部に与えているし、韓国ともやっている。ですから、いわば国際環境をみていないことと、向こうの心理を考えていないことがこの外交的失敗の理由として挙げられます。われわれのイメージには三つあります。自分自身に対するイメージと他者に対するイメージ、そして「ミラーイメージ」です。他者のなかで自分自身はどう映っているだろうかというイメージが非常に重要です。これは政治家だけでなく営業マンにも、大学の先生にも、第三のイメージである「ミラーイメージ」が非常に重要です。中国指導部のなかに日本のあのタイミングにおける国有化宣言がどのように受け止められるのか、中国の広範な国民にはどう受け取られるのかを慮るセンスが重要ですが、それがなかった。

これはやはりまずかったと思います。安倍政権になってどうなるか心配しているところです。

4 東アジアのデタントに向けて

グローバリゼーションが進み、健全なナショナリズムは出てこず、中間（メソ）レベルとして共同体構想が出されましたが、今話しましたように、アメリカの事情と中国のマクロレベルでの環境の変化によって、東アジアのなかでも北の方が非常に緊張しています。いわば「東アジアの南北問題」です。この場合の南はASEANです。ASEAN諸国も問題を抱えていますが、深刻なものではありません。東アジアの北の日中韓が非常に問題を抱えています。とくに日本とその背後にあるアメリカは、中国と協力せざるをえないが、場合によっては軍事的に一触即発の事態になりかねない状態です。韓国でもそうです。しかし日韓の緊張に比べると日中の緊張がはるかに高い。それでは中韓では問題がないかというと、歴史的問題を抱えているわけです。高句麗、今は中国の領土となっているところが朝鮮族の源流だという主張がなされたり、黄海の漁業権をめぐって中国側の漁師―本当に漁師なのかそれとも人民解放軍の兵士なのかわかりませんが―による殺人事件まで頻繁に起こっています。つまり、韓国も中国を注視せざるをえないし、高麗大学の研究者によると、「日本人にはわからないけど、日中はまだ海を挟んでいるが、韓国の場合は北朝鮮を介して中国と接している、日本はその威圧感をわかってくれない」というわけです。すなわち、中国と一定程度協同しなければいけない一方で国内問題も抱えている。お互いが三すくみの状態になっている。

では、そうしたなかでどうしたらいいのか？　それはかなりの時間がかかるし、「自分が生きている間に東アジア共同体ができればいいな」といった夢のような話をしてきたわけですが、現実、東アジアの北の日中韓の問題は、そう簡単には緩和しないと思います。日本と中国、そして日本と韓国の最大の問題は歴史認識の問題です。中国の複数の大学に行って集中講義を行ったこともありますが、基本的に日中・日韓の歴史問題は、江沢民時代の中国の「歴史教育＝反日教育」のような「過去の成果」が語られているわけですが、未来志向でどうしたらいいかというと、歴史共同研究会の進め方にかかわると思います。たとえば、歴史教科書の共同作成の場合、日韓歴史教科書と日中歴史教科書の会議がありましたけれど、とくに日中の場合、中国の研究者は本音をしゃべれないのです。それは、中国の特殊な政治体制のゆえに、中国共産党の解釈から外れるような見解を発表すると学者生命を断たれるのです。たとえば「天安門事件」について日中歴史教科書に入れようとすると絶対ダメです。やはり表現の自由がないと学問の自由もなく、一緒に歴史教科書の共同作業を行うことはなかなか難しいのです。韓国の場合、民主化されているのでそのような心配はありませんが、歴史認識の問題における棘がなかなか取れません。

最もいいたいことは、歴史問題への対応です。いつの時代までさかのぼって議論するかということです。たとえば、台湾は中国固有の領土だというけど、「それはいつから」ということになります。このあいだ、国連の中国公使がメディアの質問に答える際（尖閣は）「古来の中国領土」といいましたが、

「古来」とはいつの時代でしょう。まともな知見があれば、いつ頃でその根拠は何かをいうはずです。茫漠とした「古来」といわれてもしょうがありません。もっと知恵があれば、それはカイロ宣言の時点でというかもしれません。中国の研究者たちと話していると「明末から清初頃から実効支配している」といいます。では「なぜ九〇〇年前や一〇〇〇年前でなく一六～一七世紀なの」と聞くと顔を真っ赤っかにするはずです。領土問題はそんなものです。

あるいは、チベット問題と沖縄問題について考えると、これは意味がまったく違うのです。沖縄の人はウラルアルタイ語系の日本語から派生している言葉をしゃべっている。チベットにはチベット語があってラマ教がある。ウイグルの場合も「東トルクメニスタン」として二回、独立しようとしている。イスラム教徒がもともと漢民族であるわけありませんから。内モンゴルもそうです。でもそれをいうと感情的になってしまいます。冷静に事実を事実として認めるような空間がないとなかなか解決できません。これをやるとすごく嫌がられます。

二番目に、規範的に判断するのか、特定の歴史問題が発生した時点での政策決定者に自らを置いて判断するのか、という非常に重要な歴史的アプローチがあります。規範的判断も頭に置きながらも、やはり時代性があって、その時代に生きた責任ある政策決定者としてどういう判断をしたのかというのは非常に重要じゃないかと思います。今になっても規範的に、というのは、歴史性を無視して、その時代の制約性のなかで生きた生身の人間の存在を否定することになるのではないかと思います。

最後に、「信頼醸成のプロセス」「機能的分野のレジーム」を共同体だと思っています。「共同体」というと何かカチッとできあがったものを想像しがちですが、そうでなくてプロセスのコミュニティだと思います。そこではポップカルチャーなどは非常に重要になります。日韓や日中で結婚して生まれた子供がたくさんいます。私は大量殺戮としての戦争以外は何をやってもいいと思っている人間ですので、スパイ行為も良いだろうとすら思います。ガザ地区での、ああいう殺戮、逆ホロコーストをどうして国際社会は認めるのだろうと思います。マンホールにはまった一匹の子犬のために数十人の人が助けに入る一方で、何でガザでは何十人、何百人もの人々がいとも簡単に殺されてしまうのかと思います。自分たちの先祖がナチスドイツに何をされたのか、それを忘れて何をやっているのかと悲しくなります。東アジアで偶発的にせよ大量殺戮としての戦争を起こしてはなりません。政治家はゼロット派（熱狂派）のジャーナリズムや国民に煽られて対外緊張を高めるのではなく、東アジアのデタントに向けて行動すべきでしょう。

（滝田賢治）

第8章　ASEANと中国、東アジア共同体

1　胡錦濤と習近平の役割

最近の話として、一つ面白い写真（胡錦濤の横に江沢民が座っている）があります。私の授業を聞いた人は、これをどう解釈しますか？　これが胡錦濤です。そしてこっちが江沢民。もう脳梗塞で病の床にあります。そしてこの人をわざわざ自分の横に連れてきて、胡錦濤の横に座らせて、こうやって厚遇する意味は何ですか？　江沢民は上海から鄧小平によって抜擢されて、党のトップについた人です。だから「上海閥」といわれた人たちをたくさん登用したのです。そうすると、胡錦濤というのは共産主義青年団。中国の党内闘争は、共産主義青年団と太子党によります。共産主義青年団というのはまさに、共産主義ですね。一方の太子党というのは、要するに世襲議員です。日本だって衆議院にたくさんいますよね、親が議員だからその地盤を継いで息子が政治家になる。ただし、この関係はマスコミは面白いから対立的だと取るのだけど、これは必ずしも当たっていない。習近平というのは太

子党だけど、胡錦濤は習近平をつぎのリーダーに選んだ。関係ないでしょう？　だから、あまりマスコミが報道するそういうことに騙されないようにしてほしいというのが第一点。

　それから、これをどう解釈するかというと、いわゆる上海の人間を、胡錦濤はどんどん切っていったわけです。そうしたら当然、その上海閥に残っていた人たちから報復がくる可能性がある。だからそれを避けるために、上海閥のトップである江沢民をわざわざ連れてきて、ここに座らせたわけです。そして、今朝（二〇一二年一一月一二日）のサウスチャイナ・モーニング・ポスト（South China Morning Post）が報じたのが、胡錦濤が党中央軍事委員会の主席を降りるといったこと。降りるということになれば、軍は抑えられると解釈できます。

　習近平の役割あるいは指導者としてのまとまり、それを私なりに作ってみますと、彼は弱い政治家といわれるけどそうじゃないのです。日本に対しては強く出てくる可能性があります。つまり、彼はどちらかというとナショナリストなのです。例えば、彼が副主席のときに香港担当だったから、香港に対してもかなり厳しい政策を取ってきた。「中華民族の復興」をいうのは、彼が中華ナショナリズムに頼らざるを得ないからで、同時に彼は、鄧小平以来の「改革・開放」政策の速度の速い推進をも強調します。彼はまた、社会主義イデオロギーも結構強調します。そういう意味では強硬な面ももっているのです。しかしながら、同時に党内のこういった権力闘争には強硬手段をあまり使わない方が良いとしている。だから、それを調整しながら、日本とかそういうところには強く出てみたりする。そして、共産党体制をできるだけ崩壊させないようにする（延命する）ための指導者なのです。これは

です。ここまでが最新の、今朝の新聞まで含めての前置きです。

2　中央アジアと東南アジアは中国の裏庭

私が筑波大学にいた頃、秋野豊という中央アジアのタジキスタンで死んだ男がいましたけど、彼との共同合作的な形で、要するにまずイギリス、それからヨーロッパ大陸、そしてアメリカから今度は太平洋を越えてこっちにずっと来れば、日本とか色々ありますけど、最終的に中国に着くわけです。いわゆる米中関係というのは工業化と民主化の波なのです。民主化と工業化のためにはどうしても資源が必要になります。そうすると天然ガスもしくは石油、これがある所が重要になるのですけれど、実はカスピ海のなかにバクー油田というのがあります。これが相当な埋蔵量をもっているのです。これを運ぶためにパイプラインを敷いて、こっちからずっと中国に流していくのです。ものすごくお金もかかるし壮大な計画です。そして最終的に、とくに重要になるのが中央アジア。秋野豊はおそらく、一番早く中央アジアに国際政治システムができあがったといった最初の人間です。

まず石油に関しては、この中央アジアのなかではカザフスタンは石油が取れ、中国にも非常に近い。だから、すでにここにはパイプラインはできています。それから天然ガスに関しては、中央アジアのトルクメニスタンからカザフを経由しながら、最終的に中国に回すというパイプラインができています。これも通っています。そしてこれの開通式のときに胡錦濤が出ていてテープカットしている、その写真はネットでも取れます。そして、私が米中グローバル衝突というものを読売新聞の文化欄に、比較的長いスペースをもらえたので書いたのですけど、これからは大きな戦争はもはや起きないだろうと、ただし民族とか文化あるいは宗教、人種、それから国際的テロ、そういった形の紛争が起きやすくなるということを書きました。それは九・一一事件が起きる前のことです。ということは偶然ではあるけど、その予測が当たったことになります。

3　「東アジア共同体」と中国の「核心的利益」論

今日の話、タイトルはASEANと中国、東アジア共同体です。そうなってくると、いわゆる東アジア、東南アジアです。となると、やっぱり南シナ海ということになってくるわけで、それはすでに私は『中央公論』で発表しています。今、みなさん方の関心は、どちらかというと尖閣の方に向いておられるかもしれません。そして、ここも今、危険な状態になりつつあります。これから、習近平は「経済・文化」対話の再開を求めてきますので、日本も「党中央につながる連携を模索した方が良い」ように思います。

中国は今までチベットと台湾、これを中国が絶対譲れないというのを「核心的利益（National Core Value）」といってきたわけです。それに加えて二〇一一年の三月、中国の外務部長がアメリカに行って、南シナ海を三つ目の核心的利益に加えるといったわけです。そしてそれが表に出てきた。ところがアジアでは、それが出るのがかなり遅かった。それでアジアの、東南アジアの人たちは驚いた。そして、そうなってくるとＡＳＥＡＮなどの人たちは、まさに中国はこの南シナ海を突いてきたと警戒したわけです。

ただ、最初に申し上げておきたいのは、主催者の渡邊君が「共同体」という言葉は連続講義をするにあたって使わざるを得ないといっていますけれども、これは、よほどのことがないと使えないのです。「東アジア共同体」という言葉は、早稲田の中国研究者である天児慧《あまこさとし》、それからもともと外務省にいて青山学院大学にいる伊藤憲一、このあたりが進めてきました。ところが、今は中国ですらこの東アジア共同体という言葉を使いません。今はもうＴＰＰの方が問題です。いわゆる環太平洋経済連携協定といいますが、アメリカを含めてかなり広い枠組みの経済の連携協定で、関税がゼロになるとか、そういう問題ですね。それに踏み切るかどうかというのが、この前のＡＳＥＭの会議、つまりアジアとヨーロッパのリーダーが一緒に集まって話し合う会合で、野田総理（当時）はＴＰＰに積極的に参加するというふうに発言したのです。アメリカのオバマはもちろんそれを強く押してきているわけで、このＴＰＰ参加に関しては、日本の農家とか農民を地盤にもつ政治家が反対しているのです。だけど私は農業に関して、そんなに悲観的ではないのです。彼らは、今や田んぼや畑のどっちをもっていても、息子は例えば普通の会社に勤めていて農業をやらない。だから、依然として農業をやっている人たちにそれを貸してやってもらうというような形で、本格的にしっかりやる人たちにできるだけやってもらって、そしてその人たちは、どうやったら良い野菜、食べ物、米などができるかという品種の改良ですね、ここら辺の技術をしっかり勉強しているのです。だから、農業を保護しなければいけないからＴＰＰに反対というのは、あまり強い根拠がなくて一般論で反対しているという感じがします。

4　荒れる南シナ海

また、現時点では、南シナ海が非常に荒れている、いわゆる核心的利益ということになって、尖閣以上に話が重要な問題になったわけです。これは二〇一二年の六月、アジア安全保障会議、一般には「シャングリラ・ダイアローグ」というわけですが、シンガポールでそれが開かれました。習近平もその前に南シナ海の問題が重要だといっていたと思います。そしてＡＳＥＡＮのいわゆる軍事費の増強が明らかになってきているのですね。ところが、ＡＳＥＡＮ諸国自体は軍事産業をもっていません。しかし、経済力はありますから、結局外からそういった軍艦や兵器は買っている。実際に二〇一一年から二〇一二年にかけてインドネシアが韓国から三隻、ベトナムがロシアから六隻の潜水艦を購入しています。そういうなかで中国は、いわゆる南シナ海周辺諸国と領有権を争っている。そういうところに色々な資源があるので、そこの領有権を握りたいのです。

だから中国はそこに「警備区」というのを作り、共産党中央軍事委員会がそれを正式に決定したとわかりました。つまり、「警備区」には海軍の艦艇とか軍用機なんかを常駐させるわけです。そして南シナ海に配置する陸・海・空の軍事力を強化していくことになるわけです。この「警備区」には、「七大軍区」があるのです。瀋陽軍区とか南京軍区とか、軍を七つに分けたもの。南京軍区なんかは、かなり強いところです。

あれが台湾に攻撃をかけたわけですね。だけどあれは空っぽの偽ミサイルで、測定器しか入っていなかったのです。李登輝はそれを知っていたわけで、民衆に「安心しなさい」と、測定器しか入っていないというようなことをいって大衆にキャンペーンしていました。それから、やはり一弾目は本格的な実弾演習だろうと思って株がどんと下がったものですから、株価安定基金というのも作って「大丈夫ですよ」と李登輝はいったわけですね。もちろん李登輝側も「一八個のシナリオ」という、中国側が攻めてきた場合の対応として一八のシナリオを作って臨戦態勢を敷いたわけですけど、実際にそれを使う必要はまったくなかった。

それからアメリカが空母「インディペンデンス」を横須賀から台湾海峡の北の方に送って、それだけでは足りないので、中東にいた原子力空母ニミッツを台湾海峡の南側に向けて走らせることをやったわけです。ただし、なぜその空母インディペンデンスを台湾の北に置いたかという理由は、あまり良く知られていないのですけど、これは台湾と北朝鮮、これを同時にみなければならないという意味です。そういうなかで「警備区」を置き、そして南沙諸島等の三島、海南島を中国軍の基地にするとして、海南島のなかに海南省三沙市というのを新たに作って、ここの市長の選挙までやっている。まさに、中国はさきほどの中央アジアや東南アジアを「自分たちの裏庭」とみているのです。そういう意味では、中華帝国の一部であったものをもう一度奪い返さなければいけないといった、いわゆる「中華帝国の復興」を狙っていると考えれば良いということです。

そして、安全保障。物事を語るうえで、とくに国際関係論というものを語るうえで考えなきゃいけないのは安全保障、経済の相互依存、それから文化。つまり、途上国に開発援助をします、そして開発援助をすれば援助される途上国の文化に当然触れることになりますから、開発援助と異文化の接触が起き、摩擦も起きるわけですけれど、それをできるだけ最終的には摩擦にならないように調整し、今後に活きる状態までもっていくこと、これが大事なのです。だから、この三つを常にある程度理解しながら、有機的につないでいく。安全保障がなくて戦争が起きたりしたら、経済の相互依存どころの話じゃない。これが第一に重要。そして、それが安定していれば経済の相互依存が進み、利益をもつ国ともたない国、貧富の差、お金をもっている国が出てくる。じゃあ、お金をもっている国はどうするかというと、途上国に援助することになるわけです。そして、異文化接触をし、最終的には共生にまでもっていくことになれば、どうみたってこれはつながっているでしょう、考え方としては。これを総合的に考えるのが国際関係論です。

もう一度南シナ海の問題に戻りますが、そのように中国がやってくると、一番反発するのはフィリピンとベトナムです。安全保障の部分では。しかしながら経済分野になると、ベトナムは中国にものすごく貿易の面で依存しているのです。電力でもものすごく依存している。貿易量はベトナムの総貿易量のうちの七割ですよ。七割を中国から買っているのです。だから結局、ベトナムの首脳は時々中国に行って経済の話をするわけです。ということは、ベトナム人というのはものすごく優秀な民族で頭も切れる。そういう人たちが安全保障のことも考え、経済のことも考えながら、極めてしたたかに生き延びようとしているわけです。そして、これに加えて重要なのは、アメリカがここに関与してきていることです。意外に簡単そうで難しい定義ですけど、この「関与」というのは「関わる」ということでしょう？　これをどう定義しますか？　これは、政治学的に、あるいは国際政治学的にいいますと、ただ単に関わるということではないのです。ある種の圧力、いわば強制力をもってプレッシャーをかける、そういう意味合いを含んでいるのです。ですから、アメリカがここで入ってくるということになると、中国もそう簡単に南シナ海問題でガンガンやるわけにはいかない。そして少し詳しくいいますと、例えばフィリピンのアキノ大統領は、もはや南シナ海という名称を変えてしまったのです。それを西フィリピン海としたのです。ただ、アキノ大統領がいっているのは「西フィリピン海は南シナ海全域を指すものではない」と、そうではなくてフィリピンの排他的経済水域に入ってきてもらうと困ると。資源もあるし、その範囲内に入ってくるのも問題になりますので、フィリピンは西フィリピン海は南シナ海全域を指すのではなくて、フィリピンの排他的経済水域の範囲内だけだというふうに補足しています。なぜこのように荒れているかというと、二〇一一年五月にベトナム国営の石油会社の石油・ガス探査船が、南シナ海で作業中に近づいてきた中国国家海洋局の監視船三隻によって探査用ケーブルを切断されているのです。同じ頃、フィリピンが領有権を主張している南シナ海の南沙諸島北東部の浅瀬付近に、中国の海軍艦船と海洋調査船が相次いで侵入して、鉄柱とかブイを設置してしまいました。その後、再び中国の海軍艦船が現れて付近には中国という名前が書かれた多数の鉄柱やブイがみつかったわけです。

5 中国の海洋戦略

先ほど少し触れましたが、なぜ中国は今こんなことをしているのか。振り返ると、二〇〇六年に胡錦濤は「中国は海洋大国になる」と宣言しました。そして一九七三年のベトナムからの米軍撤退。このベトナム戦争は、アメリカにとっては非常に大きな打撃だったわけですね。ここで非常に重要な論文があります。オーストラリアのある学者が、「ワールド・ポリティクス（*World Politics*）」というとても重要な雑誌に書いたのが"asymmetry"、いわゆる非対称紛争です。つまり、アメリカは先進国として、ものすごい軍事力をもっているわけでしょう？　ところがベトナムはさほどもっていないし、ほとんどがゲリラみたいなものです。そこに先進国のアメリカが介入することになれば当然、短期的に勝つことが明らか。一方でベトナムは、別に勝つ必要はないわけです。負けなければいいわけ。だからジャングルのなかへゲリラがどんどん入り込んで徹底的に時間を使って長引かして、アメリカが疲れてくるのを待ったわけです。負けなければいいから。つまり持久戦で負けなければ良い。ベトナムはそれに成功したのです。だから、アメリカはものすごくショックを受けたわけです。自分の息子をベトナムに送られた。最初は勝つのかなと思って、早く終わるのかなと思ったけど、いつまでも帰ってこない。そしていつの間にか死んでしまうということが起きてくる。そういったことをテレビで観ながら、だんだんと「この戦争って何のためにやっているの?」と意味がわからなくなってくる。そして結局、引かざるを得なくなる。これがアメリカの悲劇ですね。それがベトナム戦争であって、このショックは大きいのです。

6 キッシンジャーの「覇権」の真の意味

だけどアメリカが引いたらそこに力の真空が生まれるでしょう? そこでどうするかというと、文化大革命で荒れて孤立していた中国をそこにもってこようとしたのが、例の米中接近です。つまり、キッシンジャー、ニクソンと周恩来の秘密外交です。ところが、キッシンジャーの「回顧録」では、ヘジェモニー(覇権)という言葉を周恩来は一種のコード・ワード、つまりソ連に対するけん制という暗号だといったわけです。ところが、非常に新しい最新の研究では、この覇権というのはアメリカがやはり第一の国であるという状態にこだわっていたと理解されるわけです。ワシントン周辺の国会、いわゆる国立公文書館あたりから出ている公式の資料が今どんどん公開されていますから、それを研究していけばわかります。これは極めて新しい研究です。私の教え子の竹本周平君がそれを論文に書いています。

ただ、なぜ中国がこの南シナ海、つまり東南アジアを取り戻すことになってきたかというと、これまで中国の海洋進出は、もともとは中国周辺の近海を防衛する「近海防衛戦略」だった。ところが、それが今だんだんと「遠海」へと変わってきているわけです。遠海ということになれば、当然アメリカともぶつかってくる。もっといえばオーストラリア。今、安全保障という面ではオバマがすでに軍事費に回す予算がそんなにないので、もう中東ではなくアジアへ回帰する、つまりアジアに重点を移すということをオーストラリアの国会で宣言しました。そうすると、そういう問題も含めて焦点になってくるのは、広くいえばオーストラリア、赤道直下辺りまで入ってくるのです。そういう部分まで含む安全保障を考えなければいけない。

7　中国の文化外交は失敗

時間がだいぶ迫ってきているので急ぎます。中国はロシアとか、そういう陸の国境はもう片がついた。今度は海の国境を固めていかなければならない。つまり海上国境。地政学的には非常に封じられた海のなかで、先ほど少しいったように「中華帝国復興」の海というものを取り戻さなきゃいけない。それが大きな狙いと考えられる。先ほどの「南シナ海核心的利益論」ということを中国がいうと、従来アメリカは政策レベルで対応していたわけです。ところが、スタインバーグという国務長官は、その段階で初めて「principle positions」、つまり「原則的立場」という表現に変えたわけです。つまり、原則と原則です。当然、原則と原則がぶつかるから、米中関係は悪化します。この点に関しては、すでに読売新聞の論点に書いています。その後、米中関係を修復し、両国の軍事交流も再開し修復していったのですけど、ごく最近中国は「もはやアジア太平洋とはいわない」、「アジアとだけしかいわない」。どういうことかといいますと、アジア太平洋といえばアメリカが入ってくる、しかしアジアだけにしておけばアメリカは排除できる。そうなってくると、アメリカと中国との摩擦が生じ、関係が悪化し始める。ということが、最近の状況です。

そうしたなかで、伝統的な「中華帝国」の海を取り戻すという意味をもつことを踏まえながら文化の面でみると、文化というのは「ソフト・パワー」といえます。文化外交ともいいます。中国もそれをやり始めています。だけど文化外交はあまり外交にはならない。ただ、文化の外交となれば、何が一番大事かというと「魅力」です。アメリカが魅力的なのか中国が魅力的なのか、このどちらかです。みなさんがアメリカを魅力的と考えるか、中国を魅力的と考えるか、そういう問題です。米同時多発テロが起きたときに、ニューヨークの市民は大変なショックを受けました。そのとき、北京大学の学生は手を叩いて喜んだ。そして、それを知っているアメリカの市民たちが、今度は中国が「文化外交」という名の下に大きな電子版を作って中国の文化をどんどん宣伝する。それをみて、アメリカの市民が中国を魅力的だと感じますか？　感じるはずないでしょう？　そこです。例えば、中国が途上国に援助します。援助したら必ず、政治的「ひも付き援助」、つまりそのお金は、中国から来る労働者の賃金に行きます。それから、アメリカ政府のエリートにはもちろんお金が行きます。だけど現地の一般の大衆にはお金が全然渡りません。だとすると、一般の大衆の不満は極めて強くなる。こんな形でやっても、それが魅力になりますか？　不満でしょう？　だから、そうなってくると今、何が焦点になっているかというとアメリカがいっている、ある種の強制力をもつ「行動規範」を作るべきだと。しかし、それは拘束力をもちますから中国はものすごく嫌がって、作りたがらないわけです。政策研究大学院大学の学者で、もともと東南アジア専門の白石隆さんが、この「行動規範」の策定を急ぐべきだといっていますが、それは一般論ですよ。そんなこと我々はわかっている。それを中国が嫌がっている。その嫌がっているのをどうやって納得させて変えるかという、新しい知恵が必要なのです。それが今、誰にもわからないのですが、それができないと南シナ海は安定しない。これが結論です。

（井尻秀憲）

第9章　歴史にみる日中によるアジア地域協力の試み

――王正廷の日中親善論から考える――

近年、「東アジアの地域協力」とか「東アジア共同体」という言葉をよく耳にするようになりました。しかし、二〇一二年夏以降、東アジアでは、日中間の釣魚島（日本名　尖閣諸島）、日韓間の竹島（韓国名　独島）など、領土問題をめぐって激しい対立が次々に起き、現在もなお終息の気配さえみえないばかりか、中国の防空識別圏設定や安倍晋三首相の靖国神社参拝などにより、領土問題に揺れる東アジアの国際関係はさらに複雑化しています。このようななかでは「東アジアの地域協力」や「東アジア共同体」を語る余地はないようにもみえます。また、これらの摩擦からくる印象をもとに、中日韓の間の摩擦や衝突を宿命的なものととらえ、地域協力は不可能だと結論づける人もいるようです。

確かに、日中関係は厳しい状態にあり、「東アジア共同体」構想の具体像もまだ明らかではありません。しかし、日中関係や東アジア地域協力の将来について、悲観すべきではないと私は考えています。なぜなら、グローバリゼーションが進む現在、地域協力が必要なことは日中両国にとって自明の理だからです。ですから、東アジア地域協力の成否の鍵を握る日中両国は、どのような摩擦や対立があっても、敵視し合ってはいけないと考えます。それは歴史の教えるところなのです。

過去に日中関係が難しい局面を迎えたとき、アジアの協力について考えていた中国人がいます。その一人が一九二〇年代の中国の代表的な外交官王正廷です。

王正廷（一八八二～一九六二）は、一九二〇年代から一九三〇年代初頭にかけて北京政府の外交総長や南京国民政府の外交部長を歴任しました。彼は、パリ講和会議・山東還付交渉・中ソ国交交渉・北京関税特別会議に参加し、中国不平等条約撤廃運動の先頭に立った中国外交の当事者です。日本や欧米では、従来、不平等条約撤廃との関連で「革命外交」が連想され、その反日的な側面が過度に強調されがちでしたので、王正廷に対する評価は一般に低いものでした。実際は、王正廷は日中協力を唱えた最初の中国人の一人で、彼の日中親善論は、その後、日中関係が辿った道や今日の日中関係さらには東アジア地域協力を考えるうえで、極めて多くの示唆を与えてくれます。

そこで、本章では王正廷の日中親善論による日中協力の試みを、その「王道と覇道」論と日中親善論の外交的アプローチに焦点をあてて考えてみたいと思います。

1　王正廷の日中親善論

よく知られているように、第一次世界大戦後、とくにワシントン会議以降、「日中親善」論や「日中提携」論が日中両国間に盛んになりました。その論調のなかで、最も有名なのが一九二四年の孫文による「大アジア主義」でしょう。しかし、孫文の「大アジア主義」と同じ趣旨、極めて類似した内容をもつ王正廷の「王道と覇道」はあまり知られていません。「王道と覇道」という論文は、関東大震災のときに発生した中国人虐殺事件の調査団長として訪日した王正廷が、一九二三年一二月に東京・大阪『朝日新聞』に発表したものです（『東京朝日新聞』には一九二三年一二月二五〜二八日付まで四回にわたって連載された。第一回の題目は「日支親善の障碍—如何にして両国の親善を実現するか—」であったが、翌日の二回目より「王道と覇道」に変更された）。ちなみに、王正廷の「王道と覇道」は孫文の「大アジア主義」より一年弱早く発表されたことになります。

「王道・覇道」とは、もともと儒教の政治思想です。儒教は、「徳」によって、本当の仁政を行うことを王道と呼び、「武力・権謀」によって、借り物の仁政を行うことを覇道と呼びます。武力による覇道よりも徳性による王道の方が優れている「尊王賤覇」という思想を儒教は説いたのです。「王道と覇道」において王正廷は、中国の伝統的な言葉をあてはめて、現実の世界を新しく捉えなおしました。そのなかで、彼は東洋を王道、西洋を覇道と規定し、王道の覇道に対する優越性を説きました。そして、日本に対し覇道を放棄し王道の道や政策をとるよう呼びかけ、日中親善を主張したのです。

(1) 日中が親善を尽くすべき理由

第一に、日中両国の親善は、何よりも両国が経済面において相互補完関係にあるから必要だと王正廷は強調します。

日中親善を主張する際に、よく挙げられるのは「同文同種」や歴史的・地理的関係ですが、王正廷も例外ではありませんでした。例えば、彼は、先にふれた『東京朝日新聞』の記事のなかで日中両国が「古来同文同種の関係にあり、等しく亜細亜人として同胞であり、歴史に深き関係を有する」（「日支親善の障碍（一）」）こと、また「昔から地理的に関係深く、同文同種にして風俗習慣も相似たものがある」（「王道と覇道（二）――『日支親善の障碍』の続き――」）と述べ、日中親善を図るべき理由を説明しています。しかし、王正廷の日中親善論には、当時の一般の日中親善論と少し異なるところがあります。それは、彼が単に両国が「同文同種」なことや過去の歴史的な関係や地理的関係が近いことを主張するだけではなく、現在および将来の視点に立ち、より積極的に経済的立場から日中親善を主張している点です。例えば、同じ『東京朝日新聞』の記事で、日中両国は「現在及将来に亘り相互の経済関係を益々密接ならしめ、各種の事業に対して両国の協力融和を考へなければならぬ立場に置かれて居る」（「日支親善の障碍（一）」）と指摘し、以下のように述べています。

「支那は日本より国土も広く産物も多い、然るに日本は国土狭く、天産物が多いと言っても国内の生産では到底自給自足することが出来ない、故に日本は工業を以て立国の大本としなければならぬ、工業を以て立国の基礎とする上に於て最も大切なる条件は原料と市場を有することである。原料の供給と市場の有無とは極めて重大なる関係にあるもので、如何に原料を有するとも販路がなければ工業が成り立たないと同時に、市場があっても原料がなければ其国の工業も盛大を期することは出来ない。

然るに支那は物資豊富にして原料の出産地であるから、之を日本に供給するの地位にある。又販路としても支那国内は大なる市場であると云はなければならぬ。此方面から見るも日本は支那に多くを依頼しなければならぬ境遇にある訳で、是れは支那側から云っても無論同様で、如何に国土が広く産物が無尽蔵であっても、之を他国に輸出しなければ何等の効用を為さない。故に此関係から云っても日本と支那とは相互に信頼し、其産業の発達を促し両国を利益する一致点を見出すのは極めて容易なことである。」（「王道と覇道（二）」）

経済面からみると、工業国である日本と原料供給国・市場である中国は相互補完な関係にあることを彼は強調し、「工業を以て立国の大本」とする日本にとって、最も大切なのは原料と市場ですが、国土の狭い日本は国内の原料も少なく市場も限られている。一方で、日本より国土も広く産物も多い中国は、豊富な原料と大きな国内市場を有し、原料と市場を日本に供給する地位にあると指摘します。そして、両者の関係を、経済的には日本は原料面においても市場面においても中国に依存しなければならないが、中国側も、その無尽蔵の資源を他国に輸出しなければならないと捉えます。ですから、工業国日本と原料供給国・市場である中国が相互に信頼し、その産業の発達を促すために、経済的に両国の利益の一致点を見出すことは容易なので、日中両国は親善して相互融和の関係を結ばなければならないと主張しました。このような王正廷の考えと経済外交を重視する幣原外交の対中国政策には、基本的な一致点を見出せます。

第二に、日中親善は日本の永遠な発展のためにもなると主張します。相手の立場に立って、相手のことを考えるのは、王正廷の日中親善論のもう一つ特徴です。

「王道と覇道」において王正廷は東洋を王道、西洋を覇道と規定し、「従来、西洋の主義は東洋と異なり、侵略主義を執り、常に武力に訴えて国際平和を攪乱したものであった」と分析しています。東洋はそれと異なり、できるだけ平和を保持し人類の幸せを増進しようと努めた。これは既に孔子、孟子の教えにも現れていて、「要するに東洋の主義は王道であり西洋の主義は覇道である」（「王道と覇道（二）」）と論じるのです。

東洋文化と西洋文化との違いについて、王正廷は「王道に於ては強者と弱者との間に於てもお互に礼を以て相見ゆるに反し、覇道に於ては出来るだけ弱者を虐遇し、之を弄び消滅せしめてしまふ」と説明しています。王正廷によれば、東洋人は王道を貴び、弱いものがいたならばこれを助け、どのようにして自立させ、発展させるかを考えてきたといいます。しかし、西洋人は侵略主義・覇道を採ってきたといいます。覇道では弱者を虐待し消滅させます。相手が強ければ衝突し、戦争が起こります。このため、覇道を採った国は一時的に強大であっても、時間が経てば戦争に直面するといいます。戦争は巨額の国費と数百万の人命を喪失し、国力の疲弊と国家の運命に危機をもたらす、といいます（「王道と覇道（三）」）。さらに、王正廷は近代以降のヨーロッパと近代以前の中国を分析し、「王道を行ふものは衰へず覇道を行ふものは衰滅に陥る」という行く末を提示しています。つまり、王道をとるか覇道をとるかは一国の運命を左右すると説くのです。

「一国を建て其国が久しきに亘り常に覇道を施す時は、仮令国家は一時的に強盛となつても、決して永続べきものではない、漸次国力の滅亡に向ふべきは疑ひなき事実である。一国の盛衰は王道を施すか覇道を施すかによりてその運命を決する、故に今日米国にしても英国にしてももし覇道を施したならば、到底永遠に発展することは不可能であらう、覇道を用ふれば遂に其国滅亡の因を為す」（「王道と覇道（四）」）

「覇道を行ふものは衰滅に陥る」のは、すでにロシア、ドイツ、フランス、スペインとポルドガルの歴史に証明されていて、たとえアメリカやイギリスでも覇道をなすならば、永遠に発展することは到底できないであろうと断じます。覇道の自滅の歴史と、第一次世界大戦後、世界の趨勢が覇道より王道のほうに向かっていることを踏まえるならば、西洋の衰滅の轍を踏まないために、また日本の永遠な発展のために、「今日漸く人類平和に目醒めつつある時、西洋諸国の過去の迷夢を追はないやうに注意しなければならぬ」（「王道と覇道（三）」）、と王正廷は日本に呼びかけたのです。つまり、西洋の覇道と侵略主義をやめ、中国と協力して日中両国の親善を図るのは、日本の永遠の発展のためだ、と王正廷は述べるのです。

第三に、日中親善は単に日中両国のためだけではなく、世界平和のためでもあるとの持論を展開します。自国の立場、相手の立場、そして世界平和の立場に立って、日中親善を主張するのが王正廷の考え方のもう一つ特徴です。
彼は、東洋の文化である王道を発揮し、それを世界に普及させていくのが東洋にある中国と日本との使命で、もし両国が対立・衝突すれば世界の平和に貢献できなくなるばかりか、王道を消滅させることになると述べます。そこで、「出来得る限り日本と支那とは協力して、東洋の王道を発展せしむると共に、益其文化を向上し西洋文化に貢献しなければならぬ」（「王道と覇道（二）」）と述べ、さらに日中両国は、自ら進んで東洋の尚文尚武の王道文化を西洋に宣伝し、西洋人に侵略主義を放棄させ、孔子と孟子の教えを理解・採用するよう働きかけなくてはならない、と両国が西洋に向き合うことを主張します。

「東洋人は尚自ら進んで王道を以て西洋人を感化納得せしめなければならぬと思ふ。我東洋人の使命は西洋人が武を尚び文を尚ばず即ち尚武の精神のみ旺盛なるに対し、東洋人は武を尚ぶと共に文をも並び尚ぶ、言ひ換ふれば尚文尚武を以て西洋人の侵略主義を放棄せしむるにある。［中略］両国は協力して出来得る限り東洋文化を西洋に宣伝し、彼をして孔孟の教へを諒解せしめ、且之を採用せしむるに努むると共に、日支相提携し親善を保持して行かなければならない。」（「王道と覇道（三）」）

「要するに東方の文明を発展し東方の文化を西洋人にまでも普及し、教化せしむることは実に吾々東洋人の責務である。此一事に対しても支那と日本とは相互提携し、協力しなければならぬと思ふ。」（「王道と覇道（四）」）

つまり、世界を覇道より王道へと導いていけるのは、同じ王道の歴史と伝統を有する中国と日本の使命や責務で、それは中国と日本にしかできないことなので、世界平和に貢献するためにも日中両国は相互提携し、親善を図らなければならないと強調します。彼はさらに、それが単なる希望にとどまるものではなく、実現可能性を有していると論じます。

(2) 日中親善の可能性

日中両国は親善を尽くすべきで、またそれは可能だと考えた理由について、王正廷はまず何よりも、第一次世界大戦後の世界の趨勢として、世界平和が主張され、覇道より王道に向かっていることを挙げています。

「従来西洋の主義は東洋と異なり侵略主義を執り、常に干戈に訴へて国際間の平和を攪乱したものであつた。今や世界は欧州大戦の結果侵略主義が人類の平和を確保する所以にあらざることを痛感するに至つたやうである。〔中略〕西洋人は今や過去の非を悟り人類の幸福の為め、国際間の平和のためには覇道を用ふべからず、是非共王道に従はざるべからざる所以を知るに至つた。」(「王道と覇道(二)」)

第一次世界大戦の結果は、侵略主義では人類の平和が確保できないことを、世界に痛感させました。

また、これまで侵略主義を執り、世界の平和を攪乱してきた西洋自身も過去の非を悟り、人類の幸福と国際間の平和のため、覇権を用いるべきではなく、平和主義の王道に従わなくてはならないことを知るようになったのと王正廷は論じます。

国際連盟の成立は将来の戦争を避けようとする国際社会の最初の試みでした。これについて、王正廷は「世界各国を合して一つの固定機関を設立し国際間の争執を仲裁せんとしたのはこれをもって第一声とする。真に人類有史以来記念すべき盟約である」（王正廷『近代支那外交史論』竹内克己訳、中日文化協会、一九二九年、八九ページ）と述べ、国際連盟の成立を高く評価します。

そして、日中親善が可能なもう一つの理由は日本が王道の本質を有するからだと説きます。近代以来、日本は中国を侵略し、またそれにより両国関係が悪化したのは事実です。しかし、王正廷は日本の中国侵略を責めるのではなく、歴史上の日本と近代以降の日本を分けて考え、歴史から日本自身が日中親善の可能性を秘めていること、日本は本来的に王道を旨とする国であることを指摘し、日本に同意を迫ろうとしています。

「日本が五十年前既に西洋の圧迫を受け、それに打克つつ今日の富強の域に達したことは大いに敬服するが、然も尚一歩進んで西洋の侵略主義を倣ふに至つたのには到底感服することは出来ぬ。併しながら之は日本本来が悪いのではない、日本はその三千年の歴史を顧みるも、斯の如き政策はあまり行はれて居らぬ、唯近世に於て西洋に倣ひ斯る政策を採用したに過ぎないと考へる。」（「王道と覇道（三）」）

近代以来、日本は覇道を行い、侵略主義を採用したのですが、それは日本が本来的に悪いのではない。なぜなら、日本はもともと王道の本質と歴史を有するからで、日本の三〇〇〇年の歴史を振り返ってみても、日本は覇道や侵略主義をあまり行ったことはなく、ただ近代において日本は西洋に倣って侵略を行ったに過ぎないと、本来の道からの一時の逸脱であったと論じます。つまり、世界が平和に向かいつつある現在、日本は古くから有した王道に戻り、その道を歩むことが可能だ、と王正廷は語りかけます。

第三に、日中親善に新たな可能性をもたらすと彼がみたのは日本国内の政党政治の発展でした。第一次世界大戦後のワシントン会議における日本の孤立と日本国内の政党政治の発展から、王正廷は日本が、日中親善へと向かう可能性をみていました。

「この会議（ワシントン会議―筆者）において日本は大きな打撃を受けたといえる。海軍軍備制限案、中国を誘惑して他国の固有の権利を損なう協定の締結を禁止することおよび中国が参戦しないかぎり中国の中立を尊重すべきことなどを要求した中国に関する九国条約、ひいては四国条約の締結、日英同盟の解消、いずれも各国が日本を制限する手段である。それより日本は俄に孤立の状態に陥ってしまった。当時日本の朝野は外交に対して甚だ悲観を抱くことになった。いわゆる日米による対中国経済提携政策がなかなかうまく行かなかった。故に強硬派は依然として中国に対する侵略政策を堅持するが、日中間の悪感情を排除する平和派の主張は漸く勢いを得るに至り、次第に日中親善運動に変わっていく。これは亦東アジア外交の新しい発展の一つである。」（呉天放編『王正廷近言録』均益利国聯合印刷公司、一九三三年、一四八〜一四九ページ）

ワシントン会議の結果、日本は国際的孤立状態に陥ることになり、それは日本国内政治の変化をもたらしました。対中国侵略政策が依然として主張されていましたが、他方では逆にこれを排除する対中国不干渉政策も漸次主張されるようになって、日中親善への期待に弾みをつけたのです。

(3) 日中親善の行動原則

日中両国の地理的・歴史的・経済的・文化的関係と日本の将来そして世界の平和からみると、日中両国は親善を図らなければならないと王正廷はいいます。日中親善は耳にたこができるほど主張されているが、両国の親善は実現されていない。それは両国親善関係を「妨げる何等かの事実が両国間に存在する」からで、その障害物が存在するかぎり、両国民がどのように親善策に努力しても両国親善にならない、といいます。さらに、両国親善を妨げる障害物とは、西洋の圧迫を克服し自立した日本が、西洋の侵略主義を倣い、覇道を行い、中国を侵略してきたことで、それは「支那と日本との親善を害する最大なる原因である」、と王正廷は述べています。そこで、日中親善を実現するためには、何よりも、両国親善を妨げる原因を取り除く行動が必要だと王正廷は考えます。

「支那と日本との関係に就ては言ふまでもなく同文同種にして、日支親善てふ言葉は殆ど耳に蛸の出来るほど聞き飽いて居る。併しながら口にのみ親善を唱へ、同文同種を叫ぶと雖も事実がこれに伴はなければ何等の効果はないのみならず、斯の如き言葉聞くことさえ一種いやな感じを起させる位である。唯口にのみ同文同種を唱へ日支親善を呼号しても、之が事実となつて現れなければ寧ろ無きに若かずと思ふ。」(「日支親善の障碍(一)」)

「両国民が感情疎隔の原因を除き、障害を排除して真に同文同種の意味に徹底したならば、茲に初めて両国の親善は実現し東洋平和の曙光は輝く訳である。」(「王道と覇道(二)」)

実際の行動を伴わず、口だけで同文同種を叫んでも、日中親善を唱えても、両国の親善にはならない。日中親善を実現するには、まず日本が中国侵略政策を放棄し、両国親善を妨げる障害物を取り除かなければならない。そのときが、初めて真の日中親善の実現の日となる。さらに、日本に対し王正廷は、中国の不平等条約撤廃運動に同情や援助を与えるよう、つぎのように呼びかけます。

「日本と中国は隣国であり、かつ同種関係を持っているので、両国関係は特に密接である。我々が日本に望んでいるのはただ一つだけである。すなわち、不平等条約に苦しめられた経験があり、今や自由・平等を獲得した日本は、朝野・上下を問わず、自由・平等のために奮闘しつつある中国に同情や

援助を与えるべきである。」（『王正廷近言録』、七六ページ）

中国が日本に望んでいるのは、日本の中国不平等条約改正運動に対する同情と援助です。この問題について、相互主義に基づき、両国は共に行動する必要がある、と王正廷は考えます。

「日支両国は特殊の関係あるを以て支那としては政治問題の対償として経済問題に付日本に好意を表示せんと欲するものなるを以て法権問題に付ては是非共列国を『リード』して之が撤廃を実行せられん事を希望して熄まず。」（外務省『日本外交文書』昭和期Ⅰ第一部第三巻、八四〇ページ）

つまり、中国側が経済問題で日本に好意を示し、その代わりとして、日本が列国をリードして、中国の不平等条約撤廃運動を援助すべきだ、という相互主義を示しているのです。

（4）日中親善の狙い

すでに述べたように、王正廷は日本に対して覇道を放棄し王道を選択するよう要求し、また実際行動をもって日中親善を図るよう呼びかけました。それはなぜでしょうか。また、王正廷の狙いはどこにあったのでしょうか。それは王正廷の中国を巡る国際情勢に対する認識にかかわっています。

パリ講和会議、ワシントン会議には平和の兆しがみえてきていましたが、現実の国際社会は依然として生存競争、弱肉強食の強権社会でした。これについて、王正廷はつぎのように述べています。

「人恒に言ふあり、対等なれば公理を言ひ、対等ならざれば、強権を用ふと。平和会議なるものは戦争の法規を定むるにすぎず。国際公法なるものは、依然文明を飾るの仮面なり。双方同意の仮託あれば、仲裁も無用なり、自働行動の辞を強うす可きあり、而して公理を奪ふ可きなり。〔中略〕国際法の法を為さず、僅かに強国の利用する所となる。」（『近代支那外交史論』の「著者の序」、一～二ページ）

要するに、国際社会における平等、公理は、列強に属するもので、国際法も強国のために強国によって利用されるものというのです。

パリ講和会議、ワシントン会議以降も、中国を「列強競争激烈の時に立つ」、「列国競争集矢点の地位岌々乎として日を終う可らざるの局勢に立つ」、「我国八十万方里の大陸を以て、尽く列強漩渦の中に投ず」状況に変わりはなく、中国は依然として亡国の危機に直面しているというのです。王正廷によれば、列強は皆、中国の領土と独立とを保全するというが、「我の領土の独立は他国の力を待ちてそれを保全す、則ち保全の一方には、即我を分割すべく、我を滅亡すべきは疑なきなり」、と述べます（『近代支那外交史論』の「著者の序」、三～四ページ）。

さらに、王正廷は列強の対中国政策をつぎのように分析します。

「列強我中国に対するの政策、平和を保つと言はざれば、即ち均勢を維ぐと言ふ。彼此利害の感あり。相忌み相疑ふ。相畏れ相親しむ相競争し、相牽制す。時には讐敵となり、時には同盟をなす。陰陽波濤の変化して端睨すべからざるが如し。其実は中国の権利と利益を競争するに非ざるはなく、ただ自国が人後に落ちんことを恐る。」（『近代支那外交史論』の「著者の序」、三ページ）

列強はその対中国政策を「平和を保つ」ことと「均勢維持」といっているが、その「平和」とは中国の平和でなく、中国の権利と利益を争う列強間の「平和」で、その「均勢」も中国と列強とのあいだの均勢ではなく、中国の権利と利益を争う列強間の「均勢」なのです。列強の対中国政策の実質はどの国も中国における優勢を争い、各々の権益拡大を狙っています。しかしどの国も自力で独占することはできない。そこで、中国にとっての外交成功の鍵は、外交政略の確立とその適切な運用にある。具体的にいえば、中国は列強の対立点と弱点を利用し、その協調体制を打破しお互いを離反させるという「夷を以て夷を制す」列強分離政策をとるべきだというのです。

「自今外交は不平等条約の撤廃、略奪された主権の回収を目的とする。非圧迫民族と連合して、共に自決を図り、帝国主義を打倒しなければ成功できない。しからば各帝国主義者の利害の対立点を観察し、その弱点を利用して巧みに処置し、お互いを衝突離反させて、はじめて運用することができる。」（『王正廷近言録』、一五一ページ）

そこで、王正廷が考えていたのは日中親善を図ることによって、帝国主義の一つである日本を欧米列強から切り離して、列強の協調体制の一角を崩すことだったです。

2 日中親善のための外交的アプローチ

(1) 王正廷の満蒙問題に対する態度

王正廷の対日親善論を語るには、満蒙問題、具体的にいえば、満蒙における日本の特殊権益の問題についての彼の考えに触れることを避けては通れません。なぜなら、満蒙問題はこの時期に日中関係の肝要な問題だったからです。

よく知られているように、日清・日露戦争後、満蒙における日本の特殊権益を拡大・擁護していくのが日本の一貫した政策でした。第一次大戦後、日本は米英との国際協調の観点から、それまでの中国へのアグレッシブな膨張政策を修正し、中国内政不干渉政策を打ち出しましたが、満蒙における日本の特殊権益自体、そしてその特殊権益の擁護と拡大の政策に変わりはありませんでした（入江昭『極東新秩序の模索』原書房、一九六八年、一一一～一一二ページ）。

実際、当時の日本の政権はすべて、満蒙における日本の特殊権益（たとえその期限になっても）を中国に返還すべきだと想定していませんでした。例えば、満蒙問題に関する日本政府の意見について、一九二九年九月五日、国民政府司法院副院長張継と駐日公使汪栄宝との会談において、幣原外相はつぎのように説明しています。「若し関東州租借地の返還とか或は満鉄の回収とかを意味すとせば、我国は絶対に之を問題とすることを得ず、独り現内閣のみならず如何なる政府に於ても斯かる要求を考慮するの余地なき」（外務省記録A.1.1.0.10『帝国ノ対支外交政策関係一件』外務省外交資料館所蔵、第一巻、二六五ページ）ものであると。

さらに、一九三一年四月二七日の地方長官会議において幣原は、「旅大租借権並に満鉄に関する権利の如きは我国民的生存の必要上より見て到底変改を許さざる性質のものである」ので、中国側のいかなる方面より旅順・大連租借権または満鉄に関する権利を回収しようとしても、「我々として到底之を問題となし得べき筋合ではありませぬ、今日何人が外交の局に当っても、又如何なる内閣が組織されても、斯かる支那側の要求を取上げて問題となし得ないことは明瞭であり」と改めて表明しています（外務省『日本外交文書』昭和期I第一部第五巻、九一〜九二ページ）。

では、以上のような日本の満蒙政策に対して、中国側が満蒙問題、とりわけ日本の満蒙特殊権益の骨幹といわれた旅順・大連租借地問題、土地商租権問題、満鉄問題にどのように対処すべきかついて、王正廷はどのように考えていたのでしょうか。

二一カ条要求の経緯、国民党・国民政府の理念と立場および従来の主張から、王正廷も当然、満州特殊権益を回収すべきだと主張します。しかし、北京政府で三つの内閣の外交総長を歴任し、パリ講和会議・山東還付交渉・中ソ国交交渉・北京関税特別会議に参加した外交の当事者としての王正廷は、満蒙問題の複雑さ、日本の満蒙特殊権益維持に対する執拗な態度と強い決意および中国と日本との実力の格段の差を熟知し、現実として旅順・大連の早急な回収は不可能だと認識していました。王正廷は満蒙問題の解決より不平等条約の改正を優先し、満蒙問題を棚上げにしようとしたのです。

このような、王正廷の満蒙問題に対する態度の表明は、一九二七年一月の日本政友会中国視察団との会見でなされました。そのとき、国民革命軍総司令蔣介石の個人代表として、上海で対米外交を行っていた王正廷は、山本条太郎政友会総務につぎのように述べたと伝えられています。

「満洲問題には荊がある。丁度蜂の巣の様なものであって、うっかり手を出すと大変だ、暫くそっとして置く他はない」（山本条太郎翁伝記編纂会『山本条太郎　論策二』原書房、一九八二年、四七九ページ）。

王正廷によれば、満蒙問題は日中両国関係での最も手を焼く問題で、軽々とそれに手をだすのは極めて危険なので、慎重に対処しなければならない現状に照らして、満蒙問題を暫く棚上げにして、その解決を後回しにするしかない、というのです。

また、一九二八年一二月三一日の外交部記念週の外交演説において王正廷は、中国として差し当たりは旅順・大連租借地の回収を要求しない理由をつぎのように説明しています。

「現に日本が旅順・大連如き各種特権を放棄して、それを中国に返還することができるかどうかについて、日本にわが国の要求に服従させる十分な国力を有するまでに、それを語ることはできない、と私は考えている。」（『王正廷近言録』、三二ページ）

つまり、満蒙問題、とくに旅順・大連の回収問題は中国の国力にかかわる問題なので、中国が十分な国力を有しない限り、旅順・大連租借地を回収できないどころか、それを要求することもできない、したがって、国民政府は満蒙問題の解決を差し控えるべきだ、というのです。

さらに、一九二九年一〇月、佐分利貞男公使との会談において王正廷は、「満州問題には一切触れざるを緊要とすべく、商租権の問題は所謂二十一ヶ条に起原し、之に触ること極めて危険なり」と述べ、差し当たりは満州問題に触れないと強調し、「満洲問題は現在解決不可能の問題なれば之に触れざる」との諒解を公使から取り付けました（外務省『日本外交文書』昭和期I第一部第三巻、八三七〜八四四ページ）。

日本の主張した満蒙特殊権益の一角であった満蒙鉄道問題についても、王正廷は同様の慎重な態度をもって対応しようとしました。「満州問題就中鉄道問題は極めて複雑且重大なるに付、学良とも篤と打合せ急激に趨ることなく、先づ日華両国の感情の融和を計り徐々に円満なる解決を遂けしめたき意向なり」（外務省記録A.1.1.0.1-13『満蒙問題ニ関スル交渉一件　蔣介石全国統一後ニ於ケル満蒙鉄道ニ関スル日支交渉関係』外務省外交史料館所蔵、四三〜四四ページ。『大公報』、一九三一年一月一五日）と記されているように、王正廷は満蒙鉄道問題が極めて複雑で、それを円満に解決するために、まず日中両国の感情融和を図り、そのうえで徐々に解決していくべきだと考えていたのです。

(2)「順序ある外交」

このような王正廷の満蒙における日本の特殊権益に対する態度は、だいたいにおいて孫文のそれに対する主張を継承したものですが、それは王正廷の独自な外交観に基づいたものです。

孫文の満蒙問題に対する態度は、革命運動開始初期から一九一八年頃までは、日本に対してかなり妥協的で、一九一九年以後は、基本的に転換し、日本の在満州権益否認、日本の満州撤退などを主張するに至った、と藤井昇三氏は主張しています(藤井昇三「孫文と『満州』問題」『関東学院大学文学部紀要』第五二号、一九八七年、四一〜五一ページ。同『孫文の研究』勁草書房、一九六六年を参照)。藤井氏のいう一九一八年頃までの孫文の態度がそのようなものであったかは別として、孫文の対応は現実的なものだったといえましょう。つまり、旅順・大連租借地を含む満蒙における特殊権益は原則的に回収すべきだが、現実の問題として、それを早急に回収するのは不可能で、差し当たりは日本の在満蒙特殊権益の返還を求めず、日中関係の緩和を図りつつ、その根本的解決を将来の懸案として残そうとしたのです(『東京朝日新聞』、一九二四年一一月二七日。黒龍会編『東亜先覚志士伝記』原書房、一九六六年、下巻、七六九ページ)。これは、王正廷の満蒙問題に対する態度と原則的に一致しているといえるでしょう。

王正廷は、外交を戦争と同じものと考え、実力外交を強調し、つぎのように主張しています。

「外交と戦争とは、実質的に区別があまりない。外交は平和的な戦争で、戦争は平和ではない外交である。」（『王正廷近言録』、四三ページ）

「夫れ外交とは、兵力の先声にして、兵力なるものは、外交の後盾なり。兵力を有せずして、而して外交を言ふは、猶跛犬を駆りて狡兎を追はしめ、瞽猫を放ちて黠鼠を捕へしむるが如し。幾何か敗辱する所とならざらんや。」（『近代支那外交史論』の「著者の序」、二ページ）

「もともと外交は完全に国民の実力に頼るものである。実力なしに外交を語るのは容易なことではない。」（『王正廷近言録』、四五ページ）

つまり、外交は戦争のようなもので、国の実力を後ろ盾とすべきで、外交を行うには、それなりの国力を有しない限り、外交目標を達成するのは容易ではない、と王正廷は捉え、「上手な外交（巧妙的外交）とは国力に適する外交である」と考え、自国の国力を超える外交に反対しました（『王正廷近言録』、四三ページ）。つまり、十分な国力を有しない中国が不平等条約撤廃を要求するに際しては、慎重に対処しなければならない、と王正廷は考えました。

そこで、王正廷は不平等条約の全面撤廃を主張しながら、困難な問題を後回しにして、関税自主権の回復のような解決可能な問題、いわば部分的な条約改正から、不平等条約撤廃を段階的に、漸進的に図ろうとする自分の外交構想、いわば「順序ある外交」（重光葵『外交回想録』日本図書センター、一九九七年、一〇三〜一〇四ページ）を打ち出しました。「順序ある外交」とは、中国不平等条約撤廃の期間を、五期に分けて順に実現しようとするもので、第一期には関税自主権の回復、第二期には治外法権の撤廃、第三期には租界の回収、第四期には租借地の回収、第五期には鉄道利権と内河航行権および沿岸貿易権の回収というプログラムです。

このような王正廷の満蒙問題に対するアプローチは幣原外交における対中国政策のアプローチと同じといえましょう。駐華公使だった重光葵は、「幣原外交」における対中国政策をつぎのように述べています。

「日本は従来しばしば支那側と折衝し、困難なる満州関係の問題はあとまわしとし満州関係の問題は触れることなく支那全土についてまづ不平等条約の改訂を進め、これを機として日支関係の全般的改善を計り、その結果改善された空気の下に、困難なる満州問題を解決しようといふ順序で談を進めて来た」（重光葵『昭和の動乱（上巻）』中央公論社、一九五二年、四六ページ）。

つまり、「幣原外交」の対中国政策とは、両国緊張の原因となった満洲問題に触れず、その根本的解決を後回しにして、不平等条約の改正により国民政府との関係改善を優先し、両国間の感情を緩和していき、そのうえで困難な満州問題を解決しようというものでした。

しかし、日中関係に関する王正廷外交と幣原外交とのアプローチは同様なものでしたが、両者のめざしたところは同一ではありませんでした。不平等条約撤廃を国民政府外交の究極的目標とする王正廷にとって、満蒙問題の解決とは結局、旅順・大連租借地や満鉄のような特殊権益の回収を意味することはいうまでもありません。一方、先に日本政府と幣原の満蒙問題に対する態度から明らかになったように、幣原にとって、満蒙問題の解決とは、日本の満蒙における特殊権益を放棄してそれを中国側に返還するのでなく、あくまでも中国側にその特殊権益の合法性を認めさせることによって、それを維持していくというものでした。両者の究極の目標が異なったとしても、満蒙問題の根本的解決を懸案として残し、両国関係をそれ以上緊張させないという両者のアプローチは同じであったといえるでしょう。

3　王正廷の日中親善論の評価と今日的課題への示唆

さて、王正廷の日中親善論は、どのように評価できるでしょうか。まず、王正廷の日中親善論に、日中親善を図ることにより日本を欧米列強から切り離して、列強の協調体制を打破する思惑が秘められているのは確かです。しかし、王正廷の対日親善論を外交の駆け引きに矮小化してはいけないと思います。なぜなら、王正廷の「王道と覇道」には普遍的なものが含まれていて、それは新しい時代の流れとなりつつあったからです。

また、「王道と覇道」で王正廷は、「以上は私が誠意を以て発表せる忌憚なき意見にして、其言葉は甚だ簡単であるが、意味は極めて深長であると信ずる。是によって貴国民の御意見を拝聴することを得れば私の大いに欣快とする所である」（「王道と覇道（四）」）と締め括っています。「覇道を行ふものは衰滅に陥る」、もし日本が西洋の過去の迷夢を追い、「覇道」の道を歩んでいくならば、その末路も同じであろうと断じた王正廷は、日本に対して、進路を誤らないで、世界に貢献するために、それまでの侵略政策を放棄し、中国と協力して「王道」を選択すべきである、と誠意をこめて呼びかけたのです。それは王正廷がその後の日本の運命を見通した訴えですが、残念ながら、その後の日本は王正廷の誠意ある呼びかけに応えなかったばかりか、満州事変を経て、日中全面戦争、さらに太平洋戦争に突入し、ついに敗北の結末を迎えました。王正廷が総括している「覇道を行ふものは衰滅に陥る」は歴史の教えるところとなりました。

日中両国は親善を尽くすべきで、そのためには、共に行動すること、両国がまず「相互に信頼し、その産業の発達を促し両国を利益する一致点を見出す」こと、日中間で尖鋭に対立する満蒙問題は先送りすることで衝突を避けること、解決可能な問題から両国の国民感情を緩和していくこと、といった王正廷の日中親善論は、今日の日中関係や東アジア地域協力を考えるうえでも多くの示唆を与えるでしょう。

第一に、東アジアの地域協力を推進し、東アジアの将来を構想するには、安全保障協力体制の育成、アメリカとの関係、歴史・文化・政治体制の差異を乗り越えることなど、克服すべき課題はいくつかありますが、何よりも、日中両国の協調・協力が必要だと思われます。日中両国にとって、最も重要なのは、とのような摩擦や対立があっても、どのような意味でも、敵視し合ってはいけないということです。それは歴史の教えるところです。

第二に、日中両国の信頼体制を早急に構築することです。釣魚島（日本名　尖閣諸島）問題や日本の首相による靖国神社参拝をめぐる日中の確執に示されたように、日中両国のあいだには、互いの歴史観に対する根強い不信感が存在しています。実は、一九二〇年代後半の日中両国関係が次第に敵対的になってしまった原因の一つは相互不信でした。ある意味では、今日の日中関係は一九二〇年代と同様な課題、つまり「相互誤解」「相互不信」をいかに解消していくかという課題を背負っています。それは、東アジア地域協力という枠組みのなかで日中両国が互いに互いをどう位置づけ、どのような関係を築いていくかという問題にかかわっています。大国化する中国と、「集団的自衛権」の追求と憲法改正など「普通国家化」する日本は、相手国を競争者や敵とみなさず、パートナーと位置づけ、相手国の変化や発展をチャンスとして積極的に関与していくことが重要です。日中双方にとって、相手国の個別の問題や一時的な現象を普遍的なものとして捉えることは危険です。むしろ重要なのは、「相互誤解」が深刻なものであることを十分に認識したうえで、互いの誤解や不信を少しずつでも解消していく努力をすることです。その場合、個別の問題を全局面の問題に広げることなく、個別的に処理することが必要です。

第三に、領土問題は国家主権の問題で、国民感情に関わりますから、国家間の紛争となりやすいものです。その解決が極めて難しいことは確かですが、不可能ではありません。これまでの国際政治の歴史をみれば、中ソ（露）間国境紛争のような深刻な領土問題を関係国の和解によって解決した事例がありますｂ。日中間の釣魚島（日本名　尖閣諸島）問題については、その解決の見通しは全くみえないのが現状です。現時点では、両国が戦争をしてはいけないこと（不戦の誓い）を確認し、相互に非難する言動を慎み事態の鎮静化を図ることが肝要で、その後に、本格的に日中友好関係の発展のための方策を考えればよいのではないでしょうか。尖鋭に対立する問題は解決不可能ならば、その問題を「先送り」「凍結」し、またはそれを「棚上げ」「後回し」にし、まず解決可能な問題から両国の感情融和を図り、そのうえで困難な問題を徐々に解決していくのが王正廷の示したアプローチですが、それは釣魚島（日本名　尖閣諸島）問題にも適応できるでしょう。

第四に、外交の目的は国益の最大化ですが、国際関係においては、自国だけの考えが通用すると思うのは間違いです。相手国の国民感情も考え、国際的に通用する常識あるいは通念によって政策を策定・実行することが正しいといえましょう。それが最終的には国益を守る道に通じることになります。つまり、互いに最強のカードを切りあって、最後に妥協するのが外交といえます。

（高　文勝）

本章は拙稿「王正廷の対日構想」『現代と文化：日本福祉大学研究紀要』第一一九号、二〇〇九年三月に修正を加えたもので、教育部人文社会科学研究規划基金項目「王正廷外交思想研究」（項目批准番号：10YJA810008）の研究成果の一部です。

第10章　日韓関係を考える

1　東アジア「共同体」とは？

「東アジア共同体」という言葉が最初に出てきたのは一九九九年です。東アジア共同体はどういうものかというと、一九九九年一一月にASEAN＋3の首脳会議において採択された、東アジアにおける協力に関する共同声明が一つのきっかけになっています。ASEAN＋3は日中韓です。つまり、もともとはASEAN中心に出てきた言葉なのです。そこに日中韓が加わる形になり、その際にアメリカの影響力からやや自立的な経済圏を形成する、というところに中国は意義を見出して積極的に関わっていくことになりました。それに対して日本は、アメリカのプレゼンスをまったく排除してしまうのではなくできるだけアメリカを取り込んでいこう、というポジションを取りました。だからASEAN＋3の日中韓においては、実は中国と日本のあいだの互いに牽制し合う空気が当初からあったという印象です。

もともとは経済連携が出発点なのですが、なぜそこに共同体という言葉が出てくるのか。この「共同体」という言葉のもっているニュアンスは、要するに「EUに対抗して」というものです。日本でもEUというのは通貨統合を果たし、そこに一つの大きな経済圏が生まれた「経済のブロック化」というイメージがある。アメリカだけでなくEUが大きな単位として動いてくるため、こちらでもそれに対抗する形で動いていこう、というわけです。当時そのような議論のなかで、「共同体は可能なのか?」という議論を我々はしたわけですが、ここ数年は経済的連携に限定されて議論が進められていて、共同体そのものの話は背後に退けられたと感じています。この東アジア共同体に関して、分野的には政治学・経済学が関係してくると思いますが、私の場合は韓国を対象とした宗教社会学を専門としているので東アジア共同体について話をするとすれば、「共同体とは何だろうか」という部分が自分の専門領域に関わってきます。したがって、今回はそこに触れてみたいと思います。

2 「閉じる」面と「開く」面

EUについてみてみると、通貨統合により一つのユニットとして現れてくる点では、EUが一つの閉じた塊としてみえるわけです。しかし、同時にEU内部についてみると、閉じるという面に対して開くという側面もあります。EUでは国境を越えてヒトとモノが行き来していますが、国家主権を一部EUに委譲しているのです。ですから、「共同体」という言葉が意味を帯びてくるわけです。例えば、EUの場合、欧州連合条約をみますと、人間の尊厳・自由・民主主義・平等・法の支配・マイノリティに属する人の権利を含む人権の尊重という価値のうちに成り立つ、という言葉が書いてあります。ですからEUの加盟国であるためには、そのことについて合意しなければいけない。つまり、ここで述べられているような普遍的な価値において結びついている、といえるでしょう。

近代国家は、憲法の下に実定法が付け足されていく。その実定法を作り出すのが、多数意思を代表する立法府です。立憲主義というのは、多数意思によって作り出された法も、憲法に違反していれば無効となるという考え方です。そこでは「多数意思より優先するもの」が設定されているわけです。私が専門としている宗教社会学からみると、多数意思よりも優先されるものは「神聖さ」を帯びてきます。それは、その社会の構成員にとって「侵してはいけないもの」と表象されるものですね。日本国憲法において、その不可侵であるのは人権となっています。つまり人間の尊厳は不可侵である、ということです。ちなみに大日本帝国憲法（明治憲法）では、侵すことのできないのは天皇の主権となっていました。

たとえば、ドイツ基本法の冒頭に、「人間の尊厳は不可侵である」という命題がおかれています。そして「これを尊重し、かつ保護することは、すべての国家権力の責務である」とあります。このように絶対不可侵であるものが、共同体を構成する個人だといった場合には国家主権の絶対性は相対化されるわけです。そのことが「開く」という要素です。国境というのは聖性を帯びています。私は埼玉県に住んでいますけれど、埼玉県人である私がこの東京都との境界線を越えるときには何の感慨も起こらない。しかし、国境を越えるときはそうではない。国境を越えるときには、その境界が、ある種の聖性を帯びてくる。宗教社会学だとそこにすごく関心を寄せるわけです。だからEUを旅行していて興味深いのは、「国境いつ越えたの?」と思うほどすっと国境が越えられる点です。国境自身が世俗化したものとなっている。どうしてそれが可能かというと、個人のテリトリーが不可侵である代わりに、国境の境界がいわば「世俗化」している、というふうにいえるのかもしれません。

というわけで、EUのそのような状況には、人権が絶対不可侵で普遍的な価値だと考えることにおいて、共通の了解がある、といえるのかもしれません。そんなふうに議論していますと、東アジアにおいてEUでいう意味での共同体が可能なのかという議論は、なかなか難しいといえます。つまり先ほど述べた表現を使えば、東アジアで「閉じて」も、域内の国境を「開く」ことができるか、という点ですね。さて、以上のような問題を念頭におきつつ、日韓関係を振り返ってみたいと思います。

3 第二次韓国ブーム

日本と韓国、これは「近くて遠い国」とずっといわれ続けてきました。今日は、反日と「嫌韓」という言葉についてお話したいと思います。例えば、韓国で反日という言葉が使われるのは聞いたことがあると思いますが、日本が韓国に対して「反韓」とはいわない。なぜ「嫌韓」という字を使うのかというあたりも少し考えてみたいと思います。

二〇一一年、NHKの「紅白歌合戦」にはK-POPの歌手が登場しました。だけど二〇一二年は、K-POPの出場はゼロということになっています。このことも日韓関係を反映しているだろうなと思います。NHKは、「国民的な合意」というのを非常に大事にします。事実、K-POPのCDの売り上げ自体は相変わらず高いらしいので、それが基準であればK-POPの歌手が二〇一二年も紅白に出場してもおかしくないわけですが、ただ「反K-POP」という、それを嫌う反応もある。NHKの発想からは、国民のあいだに賛否両論があるものはとりあえず無難に外すというやり方なのかもしれません。もう少し遡ってみると、韓流ドラマというのがすごく人気が出ました。そのブームのきっかけとなったのは「冬のソナタ」です。この「冬ソナ」に始まる一連の韓国ブームは「第二次韓国ブーム」といわれています。第二次韓国ブームの始まりは、おそらく二〇〇〇年一月に大ヒットした「シュリ」という映画でしょう。日本の商業ベースで成功した初めての韓国映画だったと思います。翌年には「JSA」という映画が日本に出て、これもまたヒットします。二〇〇二年の日韓ワールドカップ共催ということで、日韓共同でドラマを作ろうという動きも出ました。開幕数カ月前にTBSで放映された「フレンズ」という日韓共同制作のドラマも結構話題を集めました。

私がこのことで注目したいのは、まずはコンテンツです。私は韓国の映画をそれ以前からいろいろ観て、技術や、感覚というかセンスといったものが「いまひとつだな」という思いをずっともっていたのですが、それがちょうど二〇〇〇年ぐらいからクォリティが高いと感じるものが出始めました。なぜそうなのか。まず韓国がOECD諸国に加わり、先進国の仲間入りをしたことです。ただ、私はそれをみながら「大丈夫かな」と思いました。なぜかというと、ＯＥＣＤ諸国に加盟すると、それだけの市場開放を求められ、保護主義的政策はあまり取れなくなるためです。韓国の映画産業にはクォーター制という、ハリウッドなどから輸入した映画と韓国映画をセットにしなければいけないという形で国内の映画産業を守る制度がありましたが、それも撤廃されることになったので、どうなるだろうとみていたのですが、今度は韓国政府が映画産業を政策的にいろいろと支援し始めたのです。とくに人材を育成する部分にかなりの予算を投入し、映画人をどんどん育成していきました。「シュリ」を観たときにクォリティが劇的に上がっていると思ったのには、そういった背景があるのだろうと感じました。そして二〇〇三年六月にＮＨＫ-ＢＳ２で「冬のソナタ」を放映します。これはＢＳ２でやったドラマとしては異例なことに、どんどん視聴率が上がっていくのです。その半年後に再放送をすると視聴率がまた上がっていく。さらに二〇〇四年四月に、ＮＨＫ総合チャンネルで再々放送をし、ここでブレークします。これで誰もがペ・ヨンジュンなどの俳優を知ることになります。

これを私は「第二次韓国ブーム」といいますが、「第一次」もありました。一九八八年に韓国でオリンピックがありました。このオリンピックを視野に入れた形で、日韓間のやりとりが盛んになった時代があり、一九八七年一二月の紅白でチョ・ヨンピルという人が出てきた。そして彼は一九九〇年まで毎年、紅白に登場したのです。このチョ・ヨンピルという歌手がすごくうけたのですね。これを「第一次韓国ブーム」といいます。

4 日韓国交回復と軍事政権

つぎに政治的な日韓関係に関して話したいと思います。一九六五年一二月に日韓国交が回復し、一九七三年に「金大中事件」というのが起きます。これは、一九七三年八月八日一時半、丸の内のグランドパレスホテルに滞在中の、当時大統領候補になっていた金大中氏が拉致され、事件発生六日後の一三日夜、突然ソウルの自宅前に傷だらけの顔に目隠しされた姿で現れる、という事件でした。このときに、韓国に対する非常にネガティブなイメージが定着しました。その金大中事件の後の一九七九年、朴正熙大統領が暗殺されて体制が変わっていきますが、この朴正熙大統領は、一九六一年にクーデタで政権を掌握して、一九六五年に日韓の国交を正常化した人物です。

当時の朴正熙政権はよく「独裁政権」といわれましたが、「開発独裁」というような性格を帯びている。つまり、ある種の独裁という体制の下で経済成長していく、だから「開発独裁」というわけです。そこには冷戦構造が背景にあります。主に経済的な弱者・貧困層に広がる可能性のある社会主義思想を防ぐために「反共」を国是とし、その代わり、その事態を回復させるために貧困層をなくす、ということが課題になるわけです。だから「開発独裁」というわけです。つまり、高度経済成長をしていくことでようやく貧困層をなくす。なくさないと社会主義イデオロギーが広がっていって国が転覆するかもしれない。そういった危機感もあったということです。とくに朴正熙政権の場合は北朝鮮と対峙しています。一九五〇年から一九五三年にわたって行われた朝鮮戦争の経験が記憶に新しいがゆえに、そういう体制であったという部分があります。このときには、日本の韓国イメージはものすごく悪かったのです。

そしてその後、光州事件が勃発する。光州というのは、金大中大統領の支持母体の街ですが、そこで住民が蜂起したのです。そこに軍が投入される。軍人は警察とは違い、戦闘の訓練しかしていませんから悲惨なことになりました。そして一九八〇年八月に、この光州事件を制圧させた当時の軍のトップだった全斗煥が大統領に就任します。朴正煕大統領は、日本が朝鮮を植民地支配していたときに、日本の陸軍士官学校で学んでいて、日本の軍隊のカルチャーの下で育っていました。ところがこの後に出てきた全斗煥大統領はアメリカで軍人としての訓練を受けていて、カラーがだいぶ違っていました。全斗煥大統領は、民主化を進めなければいけないという思いが強くあったと記憶しています。韓国では、国内的には朴正煕以来の軍事政権に対抗する民主化勢力と、いわゆる開発独裁と呼ばれる独裁体制を維持してきた軍事政権との対峙の構図がずっと続いていました。それで全斗煥大統領が就任した際に、国内的にはむしろ「軍事独裁が続いている」というふうに受け止められたと思います。ただ、外側からみていると、全斗煥大統領自身は、民主化の方向へ舵を切らないといけないという思いが強かった。国内的な緊張に対峙しつつ民主化プロセスを進めていくことに、それなりに頑張ったのではないかと私は思います。

一九八三年にラングーンテロ事件が起きます。これは北朝鮮によるテロ事件として知られていますが、ビルマ（現在のミャンマー）を訪問した全斗煥大統領が、ビルマと国交を結ぼうとしていました。当時ビルマ政府は北朝鮮と国交を結んでいたのです。それに対して韓国も国交を立てようとする。北朝鮮はそれに対して焦りを覚えるわけです。それで、全斗煥大統領一行がラングーンの国立墓地に来たところに遠隔操作により爆弾を爆破させ、閣僚数人が即死します。そのとき、全斗煥大統領には、実は影武者みたいな人が一人いて、その人が来たのを全斗煥大統領が来たと勘違いして、北朝鮮の工作員がリモコンを操作して爆破させたのです。全斗煥大統領は車で向かっている途中だったのですが、その知らせを聞いてすぐに引き返します。そのときは、北朝鮮に対する報復を韓国がすぐにでも取れる、すごく緊張した状態でした。当時のビルマ政府と北朝鮮は友好国でしたが、ビルマ政府は面目丸つぶれもいいところですね。なので、すぐ調査・対処し、北朝鮮の工作員が捕まります。これで国際的には北朝鮮と韓国の立場が逆転し、北朝鮮が追いつめられるという事態が起きたのです。

5　日韓の「謝罪」問題

一九八四年には、全斗煥大統領が訪日します。このときに、韓国大統領としては初めて日本を訪れ、天皇と直接会うということで、いわゆる日韓の謝罪問題がクローズアップされてきました。一九八四年九月の宮中晩餐会で初めて、天皇のおことばで「今世紀の一時期において、両国の間に不幸な過去が存したことは誠に遺憾であり、再び繰り返されてはならないと思います」と述べました。実はこのとき、私は韓国にいまして、全斗煥大統領がソウルに着いたときにパレードをして私もそこにいたわけですが、韓国では「天皇陛下謝罪」という見出しが当時の新聞の一面トップに出ました。そのとき、道行く人が私に握手を求めてきて、「これで日本と韓国のわだかまりはなくなった」、「これから仲良く」といわれながら年寄りの人と握手をした記憶があります。

韓国では、日本は過去の植民地統治をどう考えているのか、というのが疑問になっていたわけです。韓国のなかで、その辺がはっきりしていないという感じがずっとあったわけです。日本は一応、学校でも習うと思いますが、あれは軍国主義の時代だったと、二度とそういうことをしないといっています。だから、韓国の植民地時代に関しても、日本は謝ったと思っていますけれど、時々日本の政治家、とくに自民党から「日本の植民地時代は悪いことばかりじゃなかった」という発言が出てくる。そうすると、韓国ではそれを大きく報道し「いったい日本の人は反省しているかどうかわからない」といった疑問の空気が出てくるのです。そこで、全斗煥大統領が日本に行って天皇のはっきりした謝罪の言葉を受け取ったというふうに国内向けには説明したのです。ところが、一面では「謝罪した」とあったけれど、文化欄をみると、大学の先生などは「『遺憾』という言葉はどういう意味だろう？　これは『残念だ』という意味じゃないか。これでは謝罪したことにはならないじゃないか」という話がだんだん広がるわけです。

6　日韓基本条約のすれちがい

このことの出発点がどこにあるかというと、一九六五年の日韓基本条約です。「日本国と大韓民国との間の基本関係に関する条約」です。第二条「千九百十年八月二十二日以前に大日本帝国と大韓帝国との間で締結されたすべての条約及び協定は、もはや無効であることが確認される。」これは韓国だと「이미《イミ》」という副詞が入ります。日本語だと「もはや」です。これは、実は両者の立場の食い違いを妥協した結果の表現です。ポイントは、日本の植民地支配の三六年間、これが韓国の主権の侵害だったかどうかということです。当時の統治の方法が良かったかどうかという判断は別として、それらが効力の有した条約だったかどうかですね。韓国側の主張としては、威嚇や脅しがあったという背景からその条約そのものは無効であるという主張です。だから、韓国側の主張によりますと、併合条約自身が無効だからその後の三六年間の日本の朝鮮統治は主権侵害だ、国家主権を日本が突然無理矢理に韓国に来て支配したということで、主権を侵害した三六年だったということになります。そうなると韓国は日本に対して莫大な賠償金を要求することができる形になります。ところが、日本側としてみれば、当時の統治の仕方にいろいろな問題があったかもしれないが、当時の国際法に則ったかたちでしかるべき手続きを踏んで行ったと、当時の朝鮮もそのことについてきちんと議論したうえで最終決定したではないかというわけです。これは決定的な対立です。つまり、三六年間に韓国への主権侵害が

あったかどうかということです。日本は主権侵害ではなかったといい、韓国は主権侵害があったというわけです。当時の自民党政府と韓国の朴正煕大統領は、互いの国にとっても、何としても日韓国交回復は進めなければいけないと思った。そこで、この条約を締結した時点では「もはや無効である」というところで合意できるでしょうとなります。現に日韓併合条約はすでに無効になっているわけですから。韓国はこれを一九一〇年、あるいは条約締結時点から無効であったと解釈し、日本は日韓条約が現時点でもはや無効であると解釈する。具体的には一九四五年以降無効であるというのが日本政府の読み方です。二つの相反する解釈を許す形でこういった表現を用いている。ですから、韓国政府としては、日韓国交回復したときに、日本の三六年間の植民地支配の不当性を日本政府が認めたと説明したわけです。日本は、とくにそのことについては国民にあえて何もいわなかったのですけれど、そこははっきりと合法的な支配であったという立場を堅持しています。そして日本は韓国に五億ドルの支援をします。二億ドルは有償、三億ドルは無償援助です。無償援助というのは「あげる」ということです。韓国側はそれが援助ではなくて「賠償的な意味をもったものである」と説明します。日本政府と韓国政府は、日韓国交を樹立するにあたって、国内向けには異なった説明の仕方をした。だから全斗煥大統領が天皇と会ったときに、韓国政府としては「謝った形を取ってほしい」、日本政府としては「謝ることはできない」となり、「この表現だったら可能だ」ということで「誠に遺憾である」となりました。この「遺憾」ということばは、当時の韓国では言論が統制されていましたから、「天皇謝罪」と一面に出てくるわけです。ところが、さっきも話したように、「でも、これどういう意味?」

「『残念だ』という意味じゃないの？」という疑問が出てきたりすると、韓国では「話が違うじゃないか」ということになります。

7　第一次韓国ブームと「嫌韓」

そしてつぎに、一九八六年にソウル・アジア大会があり、この辺から韓国はずっと上り調子になってきます。一九八七年、次期大統領候補者の盧泰愚氏が「民主化宣言」をします。ソウル大の学生であった息子に説得されたという話もありますが。この盧泰愚大統領が、わりと画期的で、とくに北方外交を推進していきます。社会主義圏ですね。それから、南北朝鮮が同時に国連加盟を果たします。これは互いを国家として承認することを意味します。そして先ほどの「民主化宣言」が発表されたのです。それに伴って、盧泰愚政権の下で民主化が一気に進みます。そして一九八八年にソウル・オリンピックを迎えるわけです。その前年に北朝鮮が「大韓航空機爆破事件」を起こします。そこで北朝鮮の国際的な地位は地に落ち、韓国はずっと上り調子になってきます。

そして、一九八七年にチョ・ヨンピルがＮＨＫ紅白に出演し「第一次韓国ブーム」が起きます。このとき韓国のイメージが急速に変わってきます。内閣府が外国に対する世論調査を毎年していますが、「韓国に好感を持っているかどうか」という質問に、このときに初めて「韓国に好感を持っている」という人が「持っていない」人を上回りました。そういう点で非常に画期的だったのです。チョ・ヨンピルが来日した一九八九年に韓国では海外旅行が自由化されます。

盧泰愚大統領が一九九〇年に来日したときに、もう一度天皇のおことば問題が浮上します。この時は、「我が国によってもたらされたこの不幸な時期に、貴国の人々が味わわれた苦しみを思い、私は痛惜の念を禁じえません。」と、もう一歩踏み込んだ表現になっています。全斗煥大統領のときよりもう少し踏み込んで、謝ったという感じにもう少しなってほしいというのが韓国政府の要望で、韓国政府としてははっきりと謝ってほしかったけど、日本としては「ここまでが限度」という感じのものでした。

そしてこの頃に、「嫌韓」という言葉が出てきます。韓国の大統領が来るたびに、日本では「何で謝らなきゃいけないわけ？」という感じになってくるわけです。

8 「嫌韓」から「反韓」へ

「反日」と「嫌韓」という言葉において、「反日」の言説には「正義」があります。韓国では「反日」という言葉が訴えるのは「正義」です。そして日本の過去の朝鮮に対する植民地支配は、日本の「不正義」として語られます。そういった枠組みだからこそ、「嫌韓」というのは、「反日」という「正義」を支えるディスクール（言説）のなかにあります。だから、「それはそうかもしれないけど、俺は嫌いだ」ということになるのです。「好き嫌いは正しいか正しくないかの問題ではなく好みの問題だから」

といった感じです。「謝るのは確かにわかるけど、韓国の大統領が来るたびに何で謝らなきゃいけないわけ？　あいつら何なの？」という雰囲気になってくるわけです。最近はこの「嫌韓」という言葉に「正義」のディスクールが加わりつつある、と今日はお話ししたかったのです。「嫌韓流」とか「嫌韓」という言葉がありますが、「在特会」という団体について聞いたことがありますか？　安田浩一という人が書いた『ネットと愛国』というタイトルの本があります。これをぜひ読んでみてください。「在特会」とは、「在日朝鮮人の特権を許さない市民の会」を縮めた表現です。「嫌韓」から「反韓」「反中」になっています。ここには、韓国と中国を批判する、つまり日本を正義として語る形で登場した言説がみられます。この「在特会」を中心に書いたルポが、先ほど紹介した本です。なかなか良く書かれています。日本の今の空気がよく捉えられています。そしてこのなかでは、フジテレビが韓流ドラマを頻繁に流していることに対して抗議のデモがあったことも書かれています。これにはインターネットという情報環境が非常に関係しているのです。NHK紅白へのK‐POP歌手の出場がなくなったこととかは、こういった時代の雰囲気と関係があるわけです。ちなみに、大統領への天皇のお言葉ですが、つぎに来日した金大中大統領のときには、これを「過去にしよう」という両国政府の配慮があって、それが天皇のお言葉に出ています。金大中大統領が来たときに天皇は、「このような密接な交流の歴史のある反面、一時期、我が国が朝鮮半島の人々に大きな苦しみをもたらした時代がありました。そのことに対する深い悲しみは、常に、私の記憶にとどめられております」とのお言葉を述べます。過去にしようということで、過去の記憶として語ろうとする。そして二〇〇三年に盧武鉉大統領が来日したとき、「過去の問題にはもはや触れず、未来志向へ」と、日韓両国政府としては未来へ進めて行こうと、日韓関係をとにかく良くしなければいけないという思いがありました。ただ、「どうして何回も謝らなきゃいけないのか」という話の背景にある、日韓国交が回復したときの、三六年間の日本の植民地支配をどう捉えるかという問題には結びつかないのです。これは日本国内においても、たぶんコンセンサスは得られないと思います。それは安倍政権になるともっとはっきりしてきます。従軍慰安婦に関する「河野談話」があり、自民党はそれをずっと踏襲してきましたが、それを見直す議論も出てきているし、今の日韓関係はネガティブな方向へ行くのではないかと感じています。

（丹羽　泉）

第11章　ベトナムからみたアジア共同体

私は、大阪外国語大学で現代ベトナムの政治経済を中心に二五年間教育・研究をし、その後、静岡県立大学に移り、やや幅を広げて現代東南アジアの政治経済・国際関係について教育・研究をしています。

ここ五年間は、主に「中国の台頭と東南アジア（特に大陸部）」という大きなテーマを掲げて、年間二〇日間から長いときは一カ月近く、中国（特に華南）、ベトナム、ラオス、カンボジア、タイ、ミャンマーを同僚の中国研究者と廻っています。関心があるのは、中国の台頭による影響がどのような形で東南アジア大陸部に現れはじめているのか、それは将来にどのような影響をもたらすことになるのか、それに対して東南アジア大陸部の国々、特にベトナムはどのように対応しようとしているのか、というような点です。

そのなかの中心テーマの一つが、東南アジア地域の将来を考えるうえで重要なインフラ整備状況の調査です。二〇一二年一二月は「鉄道」をテーマに、二〇一一年一二月には、「水路」をテーマに、三、四年前には、「道路」をテーマに調査を行いました。

そのようなインフラ整備の現状を調査する一方で、東南アジアの華人社会の変化にも注意を払ってきました。各国の主要な華人学校、中国・台湾の商会（商工会議所）、中国市場での調査、大都市・地方都市で出会う人たちからの華人（社会）の動向調査など行ってきました。

そのような調査の成果も踏まえて、課題である「ベトナムからみたアジア共同体」について話していきたいと思います。

最初に断っておきますが、ここでは「アジア共同体」という言葉の定義をめぐっての議論はしません。「アジア」「東アジア」「東南アジア」などのように「地域区分」をすることは、ある目的があって区分しているという意味で政治性があることを指摘するにとどめたいと思います。

また、「共同体」という言葉については、「アジア」という地域が付いているので「地域共同体」と考えて良いでしょう。「地域共同体」とは「同じ地域に居住して利害を共にし、政治・経済・風俗などにおいて深く結びついている集まり（社会）のこと」との定義もあるようですが、その定義はともかく、ここでも「地域区分」と同様に、制度・機構として「共同体」を設置しようとする行為には政治性があることを指摘しておきたいと思います。それは、どの制度・機構の基本文献にも設置の「目的・目標、参加資格（者）」などが書かれていることからも明らかです。「地域共同体」の発案者にも、「地域共同体」の参加者にも、それぞれに共同体の設置と共同体への参加によって何らかの利益を享受したいとの思惑が働いています。さらに、設置された「共同体」には当初の参加者に加えて、新しい参加者が加わることもあります。典型的な例は、本日の話題の中心となるＡＳＥＡＮ（東南アジア諸国連になっています。その組織拡大に伴い、組織自体の果たしうる機能も変化してきているというのが現実です。

1　ベトナムにとっての共同体意識（連帯感）の変遷

ベトナムは、人口八八八〇万（二〇一一年）、面積三三万平方キロメートル（九州を除いた日本の面積に相当）、一人当たりのGDP一三七四ドル（二〇一一年暫定値）という国です。一九八〇年代半ば以降、ドイモイ（刷新）路線と呼ばれる改革・開放路線を採用し、その後、目覚ましい経済発展を遂げてきました。ドイモイ路線を開始したときには、自らを「世界の最貧国の一つである」（一人当たりのGDP二〇〇ドル）と自認していましたが、現在では自他ともに認める中進国の仲間入りをしました。一般的には中国よりも一〇年近く遅れて改革・開放政策を開始し、中国と同様に目覚ましい発展を遂げている共産主義国とのイメージが強い国です。

この国の国民は、現政権が建国日とする一九四五年九月二日に独立宣言をしたあとも一九九〇年代初めまでの四五年間、度重なる戦争によって、長期に平和を享受できませんでした。一九四六年から一九五四年までの第一次インドシナ戦争（抗仏戦争）、一九六〇年から一九七五年までの第二次インドシナ戦争（ベトナム戦争：抗米戦争）、一九七八年から一九九一年までのカンボジア紛争と中国との対立・緊張（一九七九年には中越戦争勃発）があったからです。

このような歴史のなかで、ベトナム共産党はどのように「アジア共同体」をみてきたのでしょうか。私は、最も単純化していえば、冷戦期と冷戦後に分けられると考えています。

冷戦期においては、戦時下という特殊な状況のために「アジア」の「地域共同体」には親近感はなかったと思います。「アジア」よりも「共産主義国」に対して「実利に適うイデオロギー優先の連帯感」を非常に強くもっていた、といえます。具体的には、一九五一年～一九七八年には共産主義陣営（ソ連・中国を含む）の一員、一九七八年～一九八六年には社会主義共同体（旧ソ連陣営：旧ソ連・東欧諸国、キューバ、モンゴルなど）の一員としての連帯感です。この時期に「地域」として親近感を有していたのは「インドシナ三国（ベトナム・ラオス・カンボジア）」の範囲までで、それもベトナム共産党と共闘する共産主義者が指導する地域（国）に限られていました。ベトナム共産党は中国との関係が悪化した一九七九年から一九九一年まで、そのようなインドシナ三国関係を「特別な関係」と呼んでいたのです。

しかし、一九八〇年代後半から社会主義共同体が動揺しはじめると、ベトナム共産党は前述のドイモイ路線を採用し、徐々に変貌を遂げていきました。そして、中国との対立・緊張の直接的原因となっていた「カンボジア問題」（一九七八年一二月～一九九一年一〇月）の解決過程で「地域共同体」を再評価しはじめ、次第に連帯感を抱くようになったのです。

そして、「カンボジア問題」解決後、すなわち東南アジアにおける冷戦が終結すると、ベトナム共産党は地域（東南アジア）を基礎にした組織（共同体）への加盟に積極的姿勢をとりはじめ、経済発展や安全保障上の必要性から加盟組織内部での存在感を増すことに努めるようになったのです。その背景には、かつて連帯感を抱いていた社会主義共同体が崩壊したこと、中国とは対立・緊張が緩和し、イデオロギー的にも共通性が増していたとはいえ、中国に対する警戒感が強かったこと、が挙げられましょう。それは、冷戦直後のベトナム指導部にとってはほとんど他に選択肢のないなかでの決断でした。

冷戦後、ベトナムは一九九三年七月に外相がＡＳＥＡＮ外相会議にオブザーバーとして初参加し、東南アジア友好協力条約（バリ条約）に調印しました。また、一九九四年七月にはＡＳＥＡＮ外相会議でベトナムの加盟が原則合意されると、ＡＲＦ（東南アジア地域フォーラム）発足と同時に加盟しました。一九九五年七月にはＡＳＥＡＮに正式加盟、同年一二月には第五回ＡＳＥＡＮ首脳会議で東南アジア非核兵器地帯条約に調印、一九九六年一月にはＡＳＥＡＮ自由貿易地域（ＡＦＴＡ）計画に参加、同年三月にはＡＳＥＭ（アジア欧州会議）にも正式参加したのです。一九九八年一一月にはＡＰＥＣ（アジア太平洋経済協力、一九八九年発足）にも正式参加しました（一九九七年一一月ＡＰＥＣ非公式首脳会議で九八年加盟を決定）。

さて、以下では、さらに二一世紀に入ってから、ベトナムからみてアジア共同体がどのように変化してきているのかをベトナムの対外経済関係と外交・安全保障環境の二つの観点から検討しましょう。

2　ベトナムの対外経済関係

ここでは、ベトナムの対外経済関係を貿易、投資、人的交流の三つの観点から概観してみましょう。まず、貿易では、中国・アメリカ・日本は重要な貿易相手国ですが、ベトナムにとっての重要性が異なることを理解する必要があります。また、投資では、中国からの投資は拡大していますが、相対的にまだ少額なことが確認できます。さらに、人的交流は隣国である中国とのあいだで最も多いことが確認できます。

（1）ベトナムの貿易

表11－1はベトナムの一〇大貿易相手国（二〇〇八年）を示しています。表11－1では示されていませんが、二国間貿易の品目を確認すると、一〇大貿易国の特徴は概ねつぎのようになります。

①ベトナムにとって中国は最大の輸入国です。対中国赤字額は貿易赤字額全体の九割前後を占めます。貿易品目をみると相互補完的な部分と競合的な部分があることがわかります。

②ベトナムにとってアメリカは最大の輸出国です。対中貿易赤字額を埋め合わせてくれる大事な貿易黒字国で、相互補完的です。

③ベトナムにとって日本は比較的バランスのとれた貿易相手国で、相互補完的です。

表 11 － 1　ベトナムの 10 大貿易相手国（2008 年）

（単位　100 万米ドル）

国家・地域	貿易総額		輸出		輸入		入超額
	順位	金額	順位	金額	順位	金額	金額
中国	1	20,188	3	4,536	1	15,652	11,116
日本	2	16,779	2	8,538	4	8,241	-297
アメリカ	3	14,504	1	11,869	7	2,635	-9,233
シンガポール	4	12,052	5	2,660	2	9,393	6,732
台湾	5	9,764	11	1,401	3	8,363	6,961
韓国	6	8,851	8	1,784	5	7,066	5,282
タイ	7	6,255	12	1,349	6	4,906	3,557
オーストラリア	8	5,586	4	4,225	12	1,361	-2,865
マレーシア	9	4,551	6	1,955	9	2,596	641
香港	10	3,511	16	877	8	2,633	1,756

（ 注 ） 100 万ドル未満を四捨五入したため，数値に誤差がある。

（出所）『2010 年台湾と世界の関係』119 ページ。

表 11 － 2　各国・地域別の対ベトナム投資（1988～2009 年 12 月）

（単位　100 万米ドル）

順位	国家・地域	件数	件数（%）	金額	金額（%）
1	台湾	2,048	18.64	21,416	12.09
2	韓国	2,327	21.18	20,573	11.61
3	マレーシア	341	3.10	18,065	10.20
4	日本	1,160	10.56	17,816	10.06
5	シンガポール	766	6.97	17,003	9.60
6	アメリカ	495	4.51	14,539	8.21
7	バージン諸島	453	4.12	13,195	7.45
8	香港	564	5.13	7,719	4.36
9	タイ	220	2.00	5,774	3.26
10	カナダ	93	0.85	4,798	2.71
11	ブルネイ	99	0.90	4,694	2.65
12	フランス	274	2.49	3,040	1.72
13	ニュージーランド	124	1.13	2,934	1.66
14	中国	676	6.15	2,741	1.55
1～14 の合計		9,640	87.73	154,307	87.13
総合計（含む，その他）		10,985	100.00	177,184	100.00

（ 注 ） 100 万ドル未満を四捨五入したため，数値に誤差がある。

（出所）『2010 年台湾と世界の関係』121～122 ページ。

④ベトナムにとって、シンガポール・台湾・韓国はそれぞれ貿易赤字国です。しかし、経済の発展段階に差があることを反映して基本的には相互補完的です。逆に、シンガポール・台湾・韓国にとって、ベトナムは貿易黒字を出せる国で、比較的良い貿易相手国です。

⑤一〇大貿易相手国はすべてＡＰＥＣの加盟国です。

(2) ベトナムへの投資

表11－2は各国・地域別に対ベトナム投資（一九八八〜二〇〇九年一二月）を累積で示した表です。この表と関連情報を合わせるると、ベトナムへの投資の特徴としてつぎのことを指摘できます。

①台湾・韓国・日本からの投資の件数と金額が多い（二〇一二年には日本が金額でトップになりましたが、最近の日本企業の進出ぶりには、何か落とし穴にでもはまるのではないかとの危惧をもつほどです）。

②中国からの投資は近年増大傾向にありますが、累積額は依然として少ないのです。ベトナムは中国からの投資・援助には大きな期待をしつつも、一方で警戒感を抱いています（ベトナムは、資源開発では環境破壊を懸念し、国内産業と競合する分野への投資増にも警戒感を強めています。また、中国からの投資がベトナム人労働者の雇用拡大にあまり貢献していない点にも不満を抱いています）。

③先進国からの投資拡大には、投資環境の整備がさらに必要でしょう。近年はベトナムの新たな競争相手としてインドネシア、ミャンマーが浮上してきているので、インフラ整備（電力、運輸）、経済改革（特に国営企業改革）が喫緊の課題となっています。

表 11－3　ベトナムへの旅行者数（1999～2010 年）

（単位　人）

年	台湾	中国	韓国	日本	ASEAN	アメリカ	総数
1999 年	173,920	484,102	43,333	113,514	N.A	210,377	N.A
2000 年	212,370	626,476	53,452	152,755	N.A	208,642	N.A
2001 年	200,061	672,846	75,167	204,860	N.A	230,470	2,330,050
2002 年	211,072	724,385	106,060	279,769	269,448	259,967	2,627,988
2003 年	207,866	693,423	130,076	209,730	327,050	218,928	2,428,735
2004 年	256,906	778,431	232,995	267,210	330,409	272,473	2,927,876
2005 年	286,324	752,576	317,213	320,605	525,464	333,566	3,467,757
2006 年	274,663	516,286	421,741	383,896	571,951	385,654	3,583,488
2007 年	314,026	558,719	475,535	411,557	670,112	412,301	4,171,564
2008 年	303,175	643,344	449,043	393,091	746,793	414,851	4,235,792
2009 年	270,000	518,900	360,100	356,700	681,000	403,000	3,747,400
2010 年	334,007	905,360	495,902	442,089	1,017,540	430,993	5,049,855
総数	3,044,390	7,874,848	3,160,617	3,535,776	5,139,767	3,781,222	34,570,505

（注）　ASEAN のなかにはブルネイとミャンマーは含まれていない。

（出所）　日本 ASEAN センターの統計資料より。

（3）ベトナムへの旅行者数（旅行目的は観光、ビジネス、親類縁者訪問、その他）

表11－3は一九九九年から二〇一〇年までのベトナムへの旅行者数の推移を示したものです。この表からはつぎのようなことが読み取れます。

①隣国である中国が最も多く、拡大の余地も大きいでしょう。

②二〇〇七年以降、台湾、日本、韓国、アメリカは伸び悩んでいます。

旅行目的別にみると二〇一〇年の内訳は、観光が六割強、ビジネスが二割弱、親類縁者訪問が一割強です。二〇〇五年との比較では、観光が一・五倍、ビジネスが二倍、親類縁者訪問が一・一倍となっています。

また、入国手段別でみると、二〇一〇年

は空路が八割弱、水路が一分、陸路が二割弱です。二〇〇五年との比較では、空路が一・七一倍強、水路が四分の一、陸路が横ばいとなります。このような推移をみる限りでは、拡大メコン圏の陸路・水路（特に、東西回廊、南部回廊）整備はこれまでのところ旅行者数増大にはあまり効果を発揮していないといえます。

以上の三つの表を利用した考察から、ベトナムの対外経済関係は近隣アジア諸国との関係が極めて強いことがわかります。唯一、アメリカがその例外として存在感を示しているといえましょう。中国は累積での投資額は少ないものの、一九九一年の国交正常化以降、急速にベトナムとの経済関係を拡大していて、さらに拡大する可能性を有しています。

アメリカは一九九五年の国交正常化以降、二一世紀に入って経済関係を急速に拡大し、ベトナムにとっては貿易、投資の重要なパートナーとしての地位を築き上げています。

そして、最後に触れておかなければならないのが三つの表のいずれにも姿をみせなかったロシアです。ロシア（旧ソ連）はかつてベトナムにとって最大の貿易国で、重要分野への投資・援助国でした。しかし、今やベトナムの対外経済関係においてロシアの存在感はほとんどなくなっていることが注目されます。

3　ベトナムの外交・安全保障環境

ベトナムの外交路線は一九八六年のドイモイ路線採用後にそれまでの共産主義国あるいは社会主義

共同体を重視したものから全方位外交へと大きく転換しました。冷戦終結後、ベトナムは安全保障上の後ろ盾であった旧ソ連が崩壊したこともあって、厳しい安全保障環境の下に晒されました。ベトナム共産党指導部にとって大国（中国および旧ソ連）の後ろ盾を一切もたない環境は初めての経験でした。そのため、一九九〇年代前半にベトナムの全方位外交に拍車がかかりました。

一九九一年一〇月にカンボジア和平パリ協定の締結により「カンボジア問題」が解決すると、同じ月にアメリカと米越国交正常化交渉開始で合意。翌一一月には一四年近くに亘り対立・緊張関係にあった中国とも国交正常化を実現し、さらに一九九二年一一月に日本の対越援助が再開され、翌一二月には韓国と国交を樹立しました。一九九三年七月にはアメリカがIMFの対越融資を承認、同年一一月に第一回ベトナム支援国会議が開催され、一九九四年二月にはアメリカが対ベトナム禁輸措置を解除、ついに一九九五年七月にはアメリカとの国交正常化を実現するに至りました。その間、かつてベトナム戦争中に反共組織であると非難してきたASEANとの関係も改善し、前述したように一九九四年七月にはARFに発足と同時に加盟し、一九九五年七月にはASEANに正式加盟しました。このようにして、ベトナムの外交・安全保障環境は大きく好転し、その後も「南シナ海問題」をめぐり中国との対立が激しくなる二〇〇九年頃まではほぼ安定した状況が続いていました。

それを象徴するような出来事として、中国とのあいだでは一九九九年一二月に中越陸上国境画定条約に調印したこと（二〇〇〇年五月、国会で批准。同年七月六日発効）、二〇〇〇年一二月にトンキン湾国境画定協定およびトンキン湾における漁業協力協定に調印したこと（二〇〇四年五月三〇日発効）、また、アメリカとのあいだでは二〇〇〇年七月に米越通商協定を締結したこと（二〇〇一年一二月一〇日発効）、同年一一月にクリントン米大統領が訪越したことなどが挙げられましょう。二〇〇七年のWTO加盟もまた、ベトナムと大国とのあいだの良好な関係を象徴する出来事として挙げられます。さらにASEAN加盟国となったベトナムは一九九五年一一月八日にフィリピンと南沙諸島問題の平和的解決を目指す「行動規範」に調印、続いて一一月一三〜一五日には南沙諸島の領有権問題について意見交換をする第一回中越専門家協議を開催、ASEANの一員としても二〇〇〇年一〇月にはASEANと中国の南シナ海における行動規範策定のための作業グループ会議で中国と共に共同議長を務め、二〇〇二年一一月には「ASEAN・中国包括的経済協力の枠組みに関する協定」（ACFTA）を締結しています。

しかし、全方位外交の推進により、上述のように安全保障環境を好転させたものの、ベトナムは二一世紀に入っても依然としてアメリカ、中国に対する脅威感を完全に払拭できているわけではありません。

アメリカに対しては、軍事的脅威よりも政治的脅威（和平演変：平和的に共産主義体制を崩壊させる政策への警戒）が大きく、中国に対しては政治的脅威よりも軍事的脅威が大きい（南シナ海をめぐる対立）という違いはあるものの、ベトナム共産党は両国に対する警戒心を抱いています。

ロシア・日本に対しては政治的脅威・軍事的脅威はないといっても良いでしょう。ロシアとは安全保障上の必要から伝統的友好関係の維持・発展に努めています。また、ASEANに対しては軍事的脅威・政治的脅威軽減の役割を期待しています。以下、この点についてより詳しく検討を加えたいと思います。

（1） アメリカとの関係

現在のベトナムは、二〇〇九年以降日増しに増強されている中国の海軍力に多大な懸念をもっていて、アメリカのアジア回帰を基本的に歓迎し、アメリカとの安全保障関係強化（防衛当局者間の交流、情報交換など）に尽力し、アメリカとの経済関係を維持・発展させようとの姿勢を強めています。このようなベトナムの姿勢をアメリカは基本的に歓迎しているものの、南シナ海における中越両国間の領土問題には直接関与せず、南シナ海の「航行の自由」確保という国益を守り、中国との関係を損なわないように慎重な姿勢でベトナムに対処しています。例えば、ベトナムから殺傷能力のある武器供与を要請されても供与しない、ベトナムの港に空母を寄港させることは可能であっても寄港させない、などです。ベトナム側の課題としては、アメリカの求める経済改革（国営企業の民営化など）に応えられるか、アメリカが批判する人権問題に応えられるか、などが挙げられます。どちらの課題もアメリカの満足がいく対応は現状では困難でしょう。

（2） 中国との関係

中国との良好な関係の維持・発展はベトナム共産党の存亡にかかわる大きな問題です。ベトナムにとって中国は、同じ共産主義国であり、両国に共通する国内問題を抱えていて、アメリカの求める経済改革、人権問題でも共通の利害があります。ベトナムにとって中国とのあいだで課題となるのは、経済関係でいかに相互補完関係を強化し、競合関係を低めるのかという問題と、南シナ海の西沙諸島（ホアンサ諸島）、南沙諸島（チュオンサ諸島）をめぐる領有権問題です。両問題は中越両国だけの交渉ではベトナムにとって満足のいく解決は困難と思われます。後者は中国の進める実効支配強化への対応が必要ですが、両国の海軍力の差は歴然としていて、ベトナムにとっては外交的にいかに解決の道を探るかが課題となっています。

（3）ロシアとの関係

旧ソ連が崩壊したあとも、ベトナムはロシアとの伝統的友好関係を維持・発展させようと努力しています。ロシアは冷戦後も引き続きベトナムと共同して石油開発を行ってきました。経済関係は冷戦期に比べると極端に冷え込んでいますが（表11－1、表11－2で示したようにベトナムの一〇大貿易国にも入らず、一四大投資国にも入っていません）、両国間に解決すべき政治的懸案事項はないこと（二〇〇二年五月にはロシアとカムラン湾基地の返還文書に正式調印しています。また、ベトナムの旧ソ連に対する債務問題も解決済みです）、ロシアが近代的兵器の購入先として有望な国であることが、南シナ海での中越両国の対立が激しさを増すにつれて再認識されています。ベトナムの課題としては、対米関係においては中国と共同歩調をとりがちなロシアと、対中政策で共通の利益をどのようにみいだせるか、ということでしょう。

（4）日本との関係

ベトナムは、日本からチャイナ＋ワンのワンとして有望とみなされていて、中国とのあいだで領土問題を抱えているという日本との共通点もあります。実際、日系企業のベトナム進出はこの一、二年加速していて、他国を大幅に引き離しています。しかし、ベトナム側の課題として、日本の援助、投資を拡大できる環境を築けるか、日本と対中政策で共通の利益をみいだしうるのか、という問題が残っています。

（5）ASEANとの関係

ベトナムにとってASEANは軍事的脅威・政治的脅威軽減の役割を期待できる組織で、ベトナムにとって最も効果的に影響力を行使しやすい組織（共同体）です。ASEAN内部で自国に有利な環境を築きやすいこと、大国からのさまざまな圧力にも抗しやすく、ASEANの構成国とも協力可能であり、ASEANを構成員とする組織（ASEAN＋3、東アジア首脳会議、ASEM、ASEAN拡大外相会議、ARF、APECなど）を通じてアジア域外とも連携しやすい、という意味では安全保障上重要な組織です。実際に南シナ海問題をめぐる議論では、これまでと同様に、これからも重要な役割を演じるでしょう。ベトナムにとっての課題としては、ASEAN加盟国でもあるラオス、カンボジアへの中国の影響力増大は避けがたい状況にあるので、両国がＡＳＥＡＮ内部の攪乱要因にならないようにすること（また、二国間関係においても両国が中国の影響力増大によりベトナムの安全保障上の脅威はならないようにすること）、大メコン圏（構成メンバーはベトナム、ミャンマー、タイ、ラオス、カンボジア、雲南省、広西チワン族自治区）開発プロジェクト、さらにさまざまな開発プロジェクトを円滑に遂行するためにもＡＳＥＡＮという組織の共同体性を強化し、うまく利用することが必要となるでしょう。

4　重要性が高まるＡＳＥＡＮ

これまで述べてきたように、ベトナム共産党にとっての共同体意識は冷戦期と冷戦後では大きく変化してきました。

冷戦期には地域共同体としての性格の薄い共産主義陣営、社会主義共同体（旧ソ連陣営）に対する「実利に適うイデオロギー優先の連帯感」が中心でした。

しかし、冷戦後には、地域（東南アジア）を基礎にした共同体との連帯感を強めてきました。

このような変化のなかで、現在、ベトナムからみたアジアに存在する共同体（制度・機構）のなかで何が最重要であるかと問われればＡＳＥＡＮであると結論づけられるでしょう。ＡＳＥＡＮとの良好な関係を維持・確保しておけば、ＡＲＦ、ＡＰＥＣ、ＡＳＥＭ、ＡＳＥＡＮ＋３、ＡＳＥＡＮ＋６、東アジアサミットなどに参加する大国との関係を自動的に維持することが可能で、場合によっては他のASEAN加盟国からの支援も受けられるからです。それが、自国の力量を補完する意味で大事なことです。

ベトナムの対外経済関係はすでにAPEC加盟国との関係が最も大きくなっていて、また、外交・安全保障面での大きな懸念の一つである（中国の）軍事的脅威への対応としてもARFは重要な討議の場となっていると同時に、ASEAN自体も「南シナ海問題」に直接関与しています。

確かに、外交・安全保障面では、ベトナム共産党にとって共産主義体制維持という観点からは中国、ラオスなど共産主義国が存在し続けることが重要です。しかし、一方でベトナム共産党は、ラオスにも中国のプレゼンスが急速に高まっていて、自分達の影響力がやがて中国に凌駕されるのではないかと懸念しています。かつて「特別な関係」にあったカンボジアでは、そのような状況がすでに生まれています。二〇一二年にASEAN議長国を務めたカンボジアが「南シナ海問題」をめぐってベトナムよりも中国に配慮した行動をとったことは、その一例です。したがって、ベトナムはかつてのようにインドシナ三国という小さな地域共同体を、安全保障上の重要な共同体とみなすことはほぼ完全になくなるでしょう。

冷戦後、ベトナムはなぜASEANをはじめASEAN諸国を中核とする組織（共同体）に参加してきたのでしょうか。それは、ベトナム共産党が常に中国の脅威を念頭において戦略を構想してきた結果だといっても過言ではありません。かつては共産主義のイデオロギーに従い、その共産主義国同士のなかで対立があれば実質的に自国にとってより利益になる大国との関係を強化しておけば一定の安全保障上の安心感は得られました（それが、一九七八年の中ソ等距離外交から親ソ外交への転換でした）。しかし、安全保障上の後ろ盾を失ったベトナムにとって、もはや中国、アメリカ、ロシアが選択肢とならなかった以上、大国の思うままに自国を操られたくない国々が集まるＡＳＥＡＮ以外に身を寄せるところはなかったということです。

ベトナムは今やＡＳＥＡＮの外交的地位を高めることが、自国の安全保障を強化するうえで極めて重要だと認識しているでしょう。ベトナムがＡＳＥＡＮに加盟した時期はアジア各国が経済発展のためには地域の平和と安定が必要とされ、国内の政治的安定も必要だと考えていた時期でした。そして、アジアが世界の成長センターとなりつつある時期でもありました。しかし、北京オリンピックの成功と急速な経済成長により自信過剰となったかのように、その後の中国の対外姿勢には高圧的で近隣諸国を脅かす行動が目立ちはじめました。すでにみたように、アメリカとの関係も、ロシアとの関係もベトナムを安心させるだけの関係にはないだけに、ベトナムはＡＳＥＡＮをさらに重視していくことになると予測されます。

質疑応答

質問①

先ほど日本企業がベトナムに進出しているけれども何か落とし穴がある、というふうにおっしゃっていましたが具体的にどんな落とし穴があるのでしょうか。

五島　期待したほどの国ではなかった、ということに気がつくのではないかという意味です。具体的にいうと、日本企業が労働者を探そうとしても期待したほどにはみつからないとか、進出先となる工業団地では電気が不足するとか、色々な問題に直面すると思うのです。それでもラオスやカンボジアに比べたらチャンスはある、とは感じます。三年くらい前につぎのような話がありました。チャイナ＋ワンの「ワン」は実は中国にあった、というもの。どういうことかというと、それまでいわれてきた「チャイナ」というのは「中国沿岸部」を中心に指していた。しかし、よく考えてみるとベトナムに進出するよりも、中国の内陸部（西部）に進出した方が良いのではないかという話です。もちろん、それは進出企業の業種や分野にもよるでしょうし、どの程度の規模の人を雇いたいかということにもよります。例えばラオスでは、労働者一〇〇〇人規模の縫製工場を作ろうとするのは難しい状況にあります。そんなに一気に集められるような街はほとんどないのです。だから、チャイナ＋ワンなどと簡単にいうけれど、どの企業にどこが良いなどと簡単にいえません。海外に進出する企業は、労働者の最低賃金、製品の輸送手段、原材料の輸入のしやすさなど、色々な問題を検討します。汚職や腐敗の状態も検討されます。中国の腐敗ぶりは激しいとよくいいますが、日本企業がベトナムに進出したときも同様の問題に直面します。ベトナムでは大金を賄賂として要求はされないけれども、至るところで少しずつ何かを要求されるのだそうです。

質問②

日中関係について先生のご意見を伺いたいと思います。最近の安倍総理の外交について中国メディアは、これは中国を囲もうとする動きだといっていますが、先生はこのことについてどうお考えですか。また、日本と中国がこれから戦争に至る可能性を、先生はどうご覧になっていますか。

五島

まず囲い込みの話。封じ込め政策なのか、関与政策なのか、と色々議論はあります。私はつぎのように考えています。日本人は今、「嫌中」です。中国が嫌だという人が八割、これまでで一番多くなっています。しかし、東南アジア大陸部に実際に行ってみると、中国は東南アジアのなかでとても良いことをやっています。日本ではほとんど知られていませんが、ラオスの北の方で小さな発電所を作ったり道路を作ったり色々なことをやっています。もちろん環境破壊という問題も出ていますが、基本として他に誰が支援する意思と資金をもっているのでしょうか。カンボジアでも同様です。メコン河という大河には数多くの支流があります。雨期にその支流を渡るのは大変なのですが、そういうところに中国のゼネコンの人々が橋を作るために一生懸命暑い現場で働いています。しかし、ベトナムからみると、そういうラオスやカンボジアで中国がやっていることは懸念すべきことになります。日本も「嫌中」だから同じような懸念を抱きます。しかし、中国の影響力を排除しようとすることは非現実的で、不可能です。封じ込めようとしても不可能です。中国と積極的に対話することが正しいあるいは適切な対応策です。中国の悪口はいくらでもいえる。私でもいえる。しかし、それは前向きではありません。昨年、私は雲南省の研究者とこのような話をしました。「中国は色々なことをやってきて、実際、私達自身も悪いと思うことはある。例えば国内ではできないギャンブルをするために、中国との国境に近いタイとミャンマーにカジノを何十と作った。こんなことは世のなかの常識からしてもおかしい。ベトナムでも、ラオスでも同じような状況です。やはり、こんな中国では私達ダメですよね、尊敬されませんよね、日本では今の中国のようなことはないですよね」といわれました。「そんなことはない、日本だって過去には尊敬されないことを数多くやってきました。君達が知らないだけ。だから私は、経済発展を続ける中国には、日本の悪い部分も勉強して欲しい」、といいました。日本の若い人たちからみると今の中国は、自己中心的で他国の資源を手に入れるためには強引な手段を使ってでももっていく国というイメージが強いでしょう。でも考えてみると、日本で熱帯雨林の問題が社会問題化した背景には、日本人が丸太を好き放題伐採して、伐採後に植林もせずにもってきたということがありました。つまり、日本がただただ資源を収奪しただけだったのです。人間はそれほど利口ではありません。だけどより利口になるためには、お互いに学び合うことが必要だと思います。私が思うに、おそらくそれは政治家の役割ではない。我々自身が学ぶべきことです。

そして「紛争は起こるのか」という質問についてですが、紛争が起きるかどうかはわかりません。

しかし、それは中国次第でしょう。日本は武力を使いたくはない。武力衝突が起きる可能性はあるでしょう。しかし、中国は衝突が起きないように努力するでしょう。ただ、たとえ武力衝突が起きてもそれほど大きな紛争に発展するとは思いません。

（五島文雄）

第12章　中央アジア共同体の可能性

1　ソ連崩壊と中央アジア諸国の独立

本日は、中央アジアにアジア共同体のようなものができるかどうかという議論にもっていこうと思います。いままでネガティブな議論が続いたということですが、中央アジアが自発的にASEANや東アジア共同体をつくることが可能かということに対する結論として、今の段階では難しいと考えております。

中央アジアは、東アジアよりも、中東、インド、ロシアの方向に向いている世界です。

現代の中央アジア地域を考えるにあたって、一九九一年、ソビエト社会主義連邦が崩壊し、カザフスタン、ウズベキスタン、キルギス、タジキスタン、そしてトルクメニスタンという国が誕生した経緯をふりかえってみたいと思います。ソ連崩壊後、中央アジアに独立国家が誕生しました。独立国家の誕生といえば、一九五〇年代のアジアにおいて、イギリス、フランス、オランダの宗主国に対してインドネシア、ベトナム、カンボジアなどが独立を求めて戦って勝利しました。一九六〇年代、アフリカでもフランスやイギリスの植民地であった国々が独立しました。これも自らが独立しようという意志のもと独立した結果です。他方、一九九一年の中央アジアの独立は、カザフ人、トルクメニスタン人、タジク人、キルギス人、ウズベク人が、自ら独立を求めて運動を起こして、独立を達成したのではなかった。一九九一年、モスクワが崩壊し、その流れで中央アジアの指導者たちに独立が与えられました。

一九九一年のロシアは非常に混迷の時代で、モスクワを中心とする社会を維持するだけで精一杯でした。モスクワからみると中央アジアは辺境地域でした。一九九一年のソ連崩壊において、ソ連邦内の諸民族共和国はロシアにとり重荷になっていたのです。それを切り離していく流れのなかで中央アジア諸国は独立しました。ソ連共産党の幹部がそのまま独立共和国の大統領や首相、あるいは議長、国会議員に横滑りし、旧体制が温存されました。一九九一年の独立の段階で西側からみると民主国家は存在していませんでした。

現在の中央アジアでは、カザフスタンのヌルスルタン・ナザルバエフ大統領は、九一年の独立以来、二〇年間大統領を続けています。今後も続けるだろうといわれています。ウズベキスタンのカリモフ大統領もソ連共産党の幹部で、一九九一年から大統領を続けています。キルギスは小さな国でありながらも、民主的運動があり、さまざまな対立や紛争もありましたが、民主的な選挙によって大統領が選ばれています。トルクメニスタンは、初代ニアゾフ大統領以来、いまはベルディムハメドフが二代目の大統領に就任していますが、非常に権威主義的な政治体制です。

一九九一年のソ連崩壊後に独立した中央アジア諸国の体制は、ほぼ同じ大統領による統治が今まで続いているのが実情です。民主主義を求める者の数は少なく、大きな力にはなっていないのが中央アジアの現状です。

ウズベキスタンは青年人口が非常に多く、失業率が高い。ウズベキスタンから日本に留学に来る人もいます。日本のＯＤＡによって国費留学生として受け入れています。ウズベキスタンの学生たちは日本に留学して、国へ帰りたくないという人が多くいます。なぜかというと、あまりにもコネ社会で、せっかく日本で勉強したことを直接すぐに役立てることができないからです。

カザフスタンは景気が大変良く、石油や天然ガスの収入によって非常に潤っています。しかし、オイルマネーや天然ガスからの収入によって、社会が大きく変化しているにもかかわらず、政治体制は、ナザルバエフが一九九一年に大統領になり、現在までその地位にとどまっています。カザフスタンにはいくつかの有力部族が存在し、それによって、仲間うちで権力を分け合っているのです。

地理的な事項について説明したいと思います。中央アジアにはさまざまな国がありますが、海から一番遠い国、ウズベキスタンは海へ出るまでに二つの国を経由しなければなりません。中央アジアの弱点とは海にまったく面していないことです。どんなに資源が豊かでも、輸出の面で大きなネックになる。

カザフスタンは、オイルが非常に豊富に出るようになってきた。カスピ海の上にある油田や、内陸の油田から産出されています。そのオイルをカザフスタンがどのように外国に運ぶかといえば、今まではロシアのパイプラインを通さないと外に売ることができなかった。トルクメニスタンはずいぶんと南の方にあるのですが、この国は世界第四位の天然ガスの産出国です。天然ガスをどのように売っていたかというとパイプラインでカザフスタンそしてロシアを経由し、ポーランドやウクライナといったヨーロッパに売っていた。石油や天然ガスの値段はロシアに必ずコントロールされていた。ロシアにはガスプロムというガス会社があります。この会社が大きな利益を得ているのはロシアの石油や天然ガスだけではなく、中央アジアの石油や天然ガスを安い価格で買い、それをヨーロッパに売るからです。ガスプロムというガス会社は国を動かすまでになったのです。中央アジアからみると非常にマイナスです。

これが大きく変わりつつあります。最近、トルクメニスタンで産出される天然ガスをウズベキスタン、カザフスタンを経由して中国の新疆ウイグル自治区に通すパイプラインができました。これによってトルクメニスタンは天然ガスを売るのにロシアを経由する以外の選択肢をもつことになった。みなさんご存じのとおり、中国はものすごく石油やガスを必要とし、買えるところからいくらでも買いたい。中国は中央アジアからパイプラインを引いているのです。ただし、資源がある国が本当に豊かになるかというと、難しい問題に直面しています。儲かったお金の再分配がうまく機能するかどうかが中央アジアでの大きな問題です。

トルクメニスタンは旅行をしようとしてもなかなか入れてくれない。一九九一年に独立した頃、日本人がトルクメニスタンに入るのはそんなに難しくなかった。最近では外国人の入国を厳しくしている。入国してみると表面的にはものすごく立派な都市です。天然ガスの収入によって、トルクメニスタンのアシカバードには立派な建物が建っている。ほとんどの人がマンションのフラットに住んでいる。日本人の生活よりも一人当たりの居住空間ははるかに広い。トルクメニスタンでは、天然ガス収入によって国家が国民に家を与えています。それも4LDKから5LDKの大きなマンションです。ただ、トルクメニスタンの人々は本音をいいません。国家のコントロールが非常に効いているからです。天然資源の収入によって個人の生活は豊かになりましたが、自由な意見の表明はできない。触れられない体制というタブーが存在します。大統領や政治などの話題に外国人は触れてはいけない。これは中東湾岸諸国でも同じことがいえると思います。UAE（アラブ首長国連邦）も非常に豊かですが、必ず政治的制限があります。家族にご褒美として海外旅行をプレゼントすることがトルクメニスタン人にはあって、イスタンブール空港で民族衣装を着たトルクメニスタン人女性をみかける機会があります。これは国家が無料で海外旅行をさせてくれているものです。その海外旅行は、アメリカやイギリスといった西側に行かせてくれるのではなく、近くのトルコあたりです。トルクメニスタン人は子供の頃からそうした体制のなかで育ち、海外を知らないので、自由な発想があまり起きてこないのが現実です。

ウズベキスタンは、人口一六〇〇万人ほどの国です。ブハラ、サマルカンドといった歴史に中央アジアの中心となった都市がある国です。ウズベク人は中央アジアのなかでリーダー意識をもっている。

現実をみると天然資源にめぐまれていない。産業は牧畜、農業と観光業くらいです。潜在的な力は高いと思います。しかし、若いウズベク人が活躍する場所がないのがウズベキスタンです。ウズベキスタンには、サマルカンド部族などいくつかの有力な部族があり、そのなかでコネが幅を利かせています。カリモフ大統領は、裏側ですべての人事を部族のネットワークによって動かしている。海外に留学した能力のある若者が戻ってきても、なかなか活躍の機会が得られない。その他、自身で起業しても、利益を上げるなど目立ってくると潰されることがこの二〇年間多くありました。成功した企業はさまざまな理由で高い税金をかけられるなどして政府関係者に企業を乗っ取られることが多い。自由な経済活動が許されていません。九一年のソ連崩壊後、与えられた独立のネガティブな面が現在に至るまで続いています。

現在の問題は、賄賂のやりとりが頻繁にあることです。これは中央アジアだけではなく、コーカサスでも同様です。公務員である警察官の給料が安いこともあり、スピード違反という理由で車を止め、罰金の替わりに賄賂をとることが普通に行われています。旧ソ連のなかで、そのようなことが唯一ないのはグルジアだけです。アゼルバイジャンは私の専門ですが、カスピ海の石油によって非常に豊かになり、この一〇年で高層ビルなども多く立っています。しかし、巧妙に見えなくして賄賂が幅を利かせています。賄賂分をあらかじめ予算のなかに組み込むとも言われています。

2　中央アジア共同体の可能性

経済の話に移ります。中央アジア共同体の成立が可能かどうかを考えるポイントとして、中央アジアの国々が加盟している二つの組織、CIS（独立国家共同体：ソ連崩壊とともにできあがった国家連合体）とSCO（上海協力機構）です。この二つをみると、中央アジアがCISあるいはSCOを主体的につくったわけではない。CISのイニシアチブをとっているのはロシアです。SCOはロシアと中国です。中央アジアで共同体が成立するかどうかは、中央アジア側から共同体が必要だというニーズが起こるかどうかです。そういった動きは今のところありません。中央アジアの政治家や国民たちは、共同体をつくるよりもそれぞれの国家のなかで豊かになっていくことに優先順位が高いです。

カザフスタンはロシアとの関係を改善し、中国との関係も改善し、経済的にも良くなってきている。カザフスタンにとって中央アジアの隣国と仲良くすることにメリットがあるかといえば、あまりない。天然資源を活用してロシアや中国とうまくやっていく方が良い。最近ではレアアースの問題で日本が中国にやられたので、日本の経済産業大臣がカザフスタンにレアアースを売ってくれと交渉し、カザフスタンから買うことになった。

多国間関係よりもバイラテラル、いわゆる二国間関係を重視します。カザフスタンと日本、カザフスタンと中国、カザフスタンとロシア、カザフスタンとアメリカといった具合です。他の国もカザフスタンほどではないものの、援助を必要とするタジキスタンは日本と仲良くし、そのうえで中国とも仲良くし、援助を受けて豊かな国にしていこうと考えています。キルギスも同様です。唯一トルクメニスタンの場合は、永世中立を宣言して、まったく同盟関係を結ばない。こういった動きをみると、二国間関係を重視しています。中央アジアの共同体が考えられるとすれば、それは周辺の脅威が大きくなってきたときでしょう。カザフスタンは、伝統的にロシアとの関係が良く、人口の四割ほどはロシア人で、カザフスタン人の多くがロシア語を話します。他方、カザフスタンの知識人の一部は中国を脅威と感じている。中国との国境線が非常に長く、多くの中国人が流入しています。今の段階では、中国やロシアの脅威は中央アジアにとって大きなものではないです。ロシアは中央アジアに対して優越感をもっています。中国も中央アジアにものをたくさん売って、石油やガスを輸入し、中央アジアとの関係が大切なことを認識しています。胡錦濤や温家宝らが中央アジアを訪問して友好関係を築いています。このように、中央アジアにとって脅威は発生していないため、団結して共同体をつくろうという動きはないのです。

3　中央アジア共同体に関する諸外国での動き

海外には中央アジア共同体をつくる動きがあります。トルコの民族主義者のなかには、中央アジアを「トルキスタン（トルコ人の土地）」として、トルコ語を共通の言語にして一つの地域にしようと考える人もいます。中央アジアを知れば知るほど、言語はトルコ系ですが、ずいぶん異なっています。一九九一年に中央アジアが独立したとき、トルコのなかにはパン＝トルコ主義という動きもあり、シベリヤからバルカンにかけて住むトルコ系諸民族で一つの共同体を作るという考えです。ソ連崩壊時には、トルコにとり兄弟の国が新たにできたということで、カザフスタン、キルギス、ウズベキスタンなど、これら中央アジアの国々に対する思い入れは非常に強かった。その段階で、言語に関してはトルコ語とアゼルバイジャン語は近いのですが、一九九一年に独立した段階ではまったく違うものでした。ただ、現在ではコミュニケーションも増えて近くなってきています。カザフスタン語など、もっと東の方に関してはさらに言語的な違いは大きいのです。新疆ウイグル地域のウイグル語とウズベク語はほぼ通じ合う。カザフ語とキルギス語も通じます。トルクメン語とアゼルバイジャン語は親戚関係にあるものの実際には通じません。一九九〇年代は、共通のトルコ語を作ろうとしていた時代だったのです。共通トルコ語を作るには、各言語の違いが大きすぎた。一〇〇年ほど前、書き言葉「チャガタイ語」は中央アジアでは通じました。ソ連ができてから中央アジアの民族語に名前が与えられ、語彙などがだんだんと離れていった。中央アジアがトルコ系の共通の言語を創り出そうという動きはありません。もし言語が共通化されたら共同体も考えられなくはないですが、それはないです。中央アジアの共通語はロシア語です。これも変わっていくでしょう。トルクメニスタンでは、ロシア語を教えなくなってきています。そうすると、ロシア語が共通語であった時代はもう徐々に過去のものになっていくのかもしれません。現在の問題点としては、ロシア語の能力が落ちていることが挙げられます。ロシア語の能力低下について、中央アジアのなかで差があります。将来的にロシア語を使う人たちと使わない人たちの差が大きく開き、コミュニケーションツールとしての言語がどうなるかも今後の興味深いテーマです。

中央アジアには共同体を創設する雰囲気がおきていない。これらの現状から、共同体に対するニーズがまったくない。メインプレイヤーが中央アジアではなく、サブプレイヤーとしての共同体なら存在します。SCO（上海協力機構）はロシアと中国が主体でつくっている。これにはロシアと中国が自国の利益のため、どう中央アジアを動かしていくのが適切かという影のアジェンダがあるので、中央アジア自らがイニシアチブをとって動かしていく共同体ではないのです。CIS（独立国家共同体）は一時期非常に力をもったこともありましたが、すでに形ばかりの共同体です。中央アジアでの共同体の可能性は今後も難しいなかで、日本はどのように中央アジアと関係を構築していくべきでしょうか。日本外務省は中央アジアの各大臣を呼んで「中央アジア＋日本」会議をします。日本の外務省は、中央アジアを一つのまとまりで扱うことにより、大きなパワーをもつのではないかと考えているようです。実際にはそんなに簡単ではなく、日本が主催して中央アジア会議をする場合、トルクメニスタンから出席者が来なかったりする。トルクメニスタンは、共同体をつくりたいという意志がない。「中央アジア＋日本」会議ではトルクメニスタンは大臣レベルは出席していない。日本が政治的にイニシアチブをとろうと考えてもなかなかうまくいっていない。日本の中央アジアに対する外交経験がロシアに比べて少ないことに起因している。

4　中央アジア共同体という幻想

結論として、中央アジア諸国が共同体をつくるのは難しい。外部のファクターが中央アジアにまとまってほしいという過度な期待を抱くことがありました。二〇世紀初頭、オスマン帝国の元陸軍大臣エンヴェル・パシャは、中央アジアはトルキスタンとして一つにまとまるべきだといっていました。中央アジアに共同体ができるという幻想は、外部からの欲求によってもたらされるものなのです。中央アジア諸国内部からの欲求により共同体が成立することは、当分ないと思います。

質疑応答

質問①

共通語であるロシア語を話す人口が少なくなっているとおっしゃっていましたが、もし英語が共通語として話されるようになったら、中央アジアに何か変化はあるのでしょうか。

松長

ロシア語は教育言語で、子供の頃から大学までずっとロシア語を勉強してきたのが中央アジアの大人たちの世代です。私たちが外国語としての英語を学んでいるのと異なり、ロシア語はかつて出世するために必要な道具でした。家庭のなかではウズベク語やカザフ語を話すけれども、一歩外に出れば中央アジアの人々は一九九一年のソ連崩壊までロシア語を話していて、ロシア語が母国語であったといっても過言ではないです。子供の頃から話してきたロシア語は、なかなか抜けるものではないです。中央アジアの人々にとって、ロシア語は共通語であり、最新の科学技術や小説を読むための教養言語なのです。これがカザフ語やウズベク語といったものに代わるかというと、読み物に関しては、どうしてもロシア語が出てくる。彼らにとってロシア語は外国語という意識がないです。他方、英語を勉強してうまく話せる若い人々は中央アジアにたくさんいます。英語が使える人と使えない人の差が、国ごとにあらわれてくると思います。

質問②

中央アジアでは政治体制に関する批判ができないとおっしゃっていましたが、民間レベルで政府に反抗する組織などが、エジプトのように出現する可能性はあるのでしょうか。

松長

おそらくないと思います。キルギスでは民主化運動が起きました。理由は部族の対立や経済的問題、民主化ではなく利権の追求だった。キルギスのアメリカ軍基地の場所にアメリカは多額のお金を落としています。その利権をどう分け合うかという問題もあって、きれいな民主化運動だったとは思えません。その他の地域に、エジプトのような民主化運動が起きるかといえば否定します。一九九一年に独立した国々は、その前の体制が今でも受け継がれ、よくコントロールされています。外国人が中央アジア内に入ると監視されることがあります。中央アジアの人々が民主化を求める動きをしないとは思いませんが、チュニジアやエジプトのようにＳＮＳを利用しての民主化運動はないと思います。絶対的な貧困がないので、家族や親族の助けにより、変化を求めずに生きていけるというのが大きいと思います。

渡邊　それでは社会主義体制時代の豊かではないが、一応行きわたるようなシステム、それがインフラとしてあるということですか。

松長　国によっても違いますが、そうです。なんとなく生きていけるというのは、家庭のなかで食べていける。もし困っても、血縁関係のなかで助けてもらえる。部族や親戚、家族など、密な人間関係があるのです。そのようなセイフティーネットが崩れたとき、大きな政治的変動が起こる可能性がありま す。これは社会主義体制というよりも、中央アジアの伝統、長い歴史から現在まで続いているものです。

質問③

中央アジアには多くの民族がいますが、民族対立といったものは少ないのでしょうか。もし少ないとすれば、政府が対策をとっているのですか。

松長

民族紛争や対立は多くあります。最近ではキルギスでありました。一九二九年にソ連が決めた民族共和国の国境画定により民族が国境を超えて住んでいます。ソ連は、民族をあえて分断させて統治しました。国境を越えて親戚が住んでいることは中央アジアでよくあることです。現在、国境の壁は高くなり、ウズベク人とキルギス人は行き来が非常に難しくなってきています。今後民族紛争は起こりうるだろうと思います。例えば東ヨーロッパのセルビアやボスニアをみると、長い間仲良く住んでいたにもかかわらず突然ちょっとしたことで殺し合いが起こる。大きくはないですが中央アジアにも民族紛争や対立は多くあります。

質問④

上海協力機構について、そこでの中央アジアの役割や加入していることのメリットは何なのでしょうか。

松長

中央アジアにとってのメリットは治安対策と安全保障です。国内をうまく統制するために、必要に応じて外部の力を借りることができるシステムです。ＳＣＯは、経済よりもテロ対策や国境管理など治安維持や安全保障のためにあります。

（松長　昭）

第13章　アジアを目指すロシア

1　二〇世紀の戦争

僕は大学で教え始めてからはまだ間がなく、新入社員という感じなのです。それ以前は、三五年間新聞記者をしてきました。その間に二つ歴史的なニュースをカバーすることができました。一つが東日本大震災で、もう一つが一九九一年のソ連崩壊です。新聞記者で歴史的現場に遭遇したことはラッキーだったと思っています。

今日は東アジア共同体とロシアというタイトルなのですが、東アジア共同体という言葉は段々と死語になりつつある。せいぜい使っているのが戦後最悪の首相という評価が定着した鳩山由紀夫元総理くらいです。東アジア共同体は幻想にすぎません。歴史問題、領土問題、発展格差、時代遅れの社会主義国の存在といった矛盾を抱えるアジアで、欧州連合（ＥＵ）のような共同体ができるはずがない。

ただ、東アジア共同体づくりをスローガンとして協議することで歴史問題や領土問題への関心を防ぐ効果はあるかもしれません。ロシアも東アジア共同体という言葉は使っていません。しかしアジア太平洋への参入を強化しているのは間違いない。アジア太平洋への統合を目標に掲げています。そこで、今日はロシアのアジア政策と、中国、日本との関係についてお話したいと思います。

最初に皆さんの歴史認識をテストしたいと思います。二〇世紀前半に日本とロシアは四回戦争しているのですが、どの戦争か分かりますか？　そう、日ロ戦争。これは一九〇四年。つぎは、ノモンハン戦争で、一九三九年。残り二つは？　一九一七年にロシア革命があって、その後欧米列強それから日本もロシアの皇帝を支援してシベリアに出兵しました。あと一つは？　四回目の戦争。第二次大戦にソ連が対日戦に参戦しました。長崎原爆投下と同じ日ですけれど。そう、八月九日。二〇世紀の日本とロシアの関係は非常に悲劇的だったのです。

では、何で日本とロシアは四回も戦争したと思いますか？　これはつまり地政学的（geopolitics）な理由が大きいわけです。日本は海洋国家です。一方ロシアは大陸国家。一九世紀末からの帝国主義の時代には、こういう海洋国家と大陸国家の利害が衝突するのです。その利害が衝突しやすい場所が半島です。海洋国家は大陸に出ようとし、その際に半島を踏み台にするのです。同じく大陸国家も海に出ようとする際に、半島を踏み台にする。だから朝鮮半島が犠牲になるケースが多かったのです。日本とロシアが二〇世紀に四回も戦争した理由は、こういう地政学的な背景が強いのです。このなかで一番重要な戦争はやはりソ連軍の対日参戦です。日ソ中立条約があったでしょう。あれに違反してソ連が突然、対日参戦に八月九日に踏み切った。今の東アジアの安全保障問題はすべてこの問題に端を発している。北方領土問題がそうです。北方領土問題がなぜ起きたかというと、ソ連が対日参戦した結果です。ソ連が朝鮮半島北部に入ってきて、日本軍将兵六〇万人くらいがシベリアに抑留され、六万人が亡くなっています。シベリア抑留はこの結果なのです。それから、旧満州で残留孤児問題が起きて、それもやはりソ連軍の参戦の結果なのです。日本人が慌てて、逃げ惑って子供を置き去りにしたわけです。それが残留孤児問題。朝鮮半島分断もそうなのです。当初はアメリカが朝鮮半島全体を制圧する予定だったのですけれど、ソ連軍が勢いをつけて怒濤のように三八度線まで入ってきて、ホワイトハウスが三八度線で止めてくれといって、ソ連もこれに応じた。ソ連が北部に進駐した結果、今の北朝鮮というグロテスクな国ができたのです。その後一九五〇年に朝鮮戦争が起きたでしょう。五〇〇万人くらい朝鮮の人が亡くなっています。だから、ソ連の対日参戦がなかったら、南北分断はなかったし、朝鮮戦争もなかった。北朝鮮の核問題やミサイル問題もなかった。日本人拉致問題もなかったわけです。中国も今、台湾と本土に分断されています。中国革命がなぜ起きたかというと、やはりソ連の参戦が大きい。ソ連は満州に侵攻して、撤退するときに武器を共産党に与えたのです。その結果、中国革命は成功した。毛沢東が新中国の成立を宣言したのは一九四九年。中国の共産党政権が誕生したのも、ソ連が対日参戦して共産党軍を支援したおかげなのです。ですから、東アジアのすべての安全保障問題はある意味で、ソ連軍の対日参戦に起因しているといってもいいすぎではないのです。ヨーロッパでは冷戦構造はもう終わったのですが、アジアでは朝鮮半島を中心にソ連軍対日参戦の結果としての冷戦構造が残っています。

現在の東アジアの論争のタネは中国であり、いまだに社会主義一党独裁です。中国共産党は一九二一年にできました。その前に一九一七年にロシア革命が起きて、当時のレーニン、トロツキーといった指導者は、社会主義イデオロギーを世界に広げて、世界革命を起こそうとしました。トロツキーがソ連共産党の下部組織として作ったコミンテルンという共産党の国際組織の主な目的はヨーロッパに革命を起こすことでしたが、アジアにも支部を作りました。それが一九二一年設立の中国共産党、だからコミンテルン中国支部といわれています。日本でもその翌年、コミンテルン日本支部として日本共産党を作ったわけです。最初の日本共産党の設立大会に出席したのは野坂参三など、せいぜい二〇人くらいしかいなかった。中国共産党の創設大会も毛沢東や陳独秀など一三人ほどしかいなかった。しかし、コミンテルン中国支部が今は何万人いるか知っていますか？　八四〇〇万人。一三人から八四〇〇万人に増えた。世界最大の政党です。だから中国共産党が今あるのも、ソ連のおかげなのです。日本共産党は依然ミニ政党だが、中国共産党は史上最大の政党になっている。つまり、ソ連型社会主義は完全に崩壊したが、その落とし子である中国共産党は未だに脈々と生きているのです。よく国際政治でパワーシフトといわれます。中ロ間でも今、パワーシフトが起きています。中国とロシアのGDPをみると、中国がロシアの四倍以上です。一九九七年ごろ初めて逆転しました。だから中ロ関係をみると、中国の方が兄貴分のようにふるまっています。人口も、経済力も、国際的影響力もロシアより大きくなっている。ロシアは依然として資源にしがみついているところがありますから。中国人のビジネスマンはロシアのことを「北のサウジアラビア」といって暗にバカにしています。資源を掘るだけで豊かになろうとしていて、製造業が振るわないことを揶揄しているのです。ずっと兄貴分だったロシアにとって、中国の弟分になることはおもしろくないわけです。ただ、中国も今は、共産党の一党独裁というグロテスクな体制が残っているために、いろいろな問題が生じています。格差の問題や、幹部の腐敗や汚職、もう毎日のように新聞に出るようになってきた地方での暴動事件。二一世紀のグローバル化の時代に、一九世紀のマルクス主義に基づく時代遅れの政治体制がいつまで存続するのかが焦点です。

2 プーチンの対日観

プーチンは二〇一二年に発表した論文のなかで、中国について語ることがファッショナブルになっていると述べ、「中国経済の風を帆に受けて進むべきだ」と主張しました。一方で、「中ロ間には摩擦のタネがある」と述べ、貿易構造や中央アジアの影響力争い、中国人のロシア移住などを挙げていました。二〇一二年九月にモスクワへ行ったときにロシアの学者と話をしたら、今ロシアにいる中国人は二〇〇〜三〇〇万にのぼるかもしれないといっていました。バイカル湖以東のロシア極東部は日本の三〇倍くらいの巨大な地域なのですが、人口がどれくらいか知っていますか？　六二〇万人しかいないのです。ソ連時代は八一〇万人くらいでした。極東は寒いし、産業はなく、生活条件が厳しい。

生活が苦しいからどんどん極東から欧州部に脱出しているのです。プーチン大統領も極東対策を最優先課題にしている。例えば――、二〇〇七年から二五年にわたって、極東ザバイカル開発計画に五〇兆円投入するといっている。ロシアだけではとても広大な極東の開発ができないので、アジア各国の投資を呼び込もうとアジア外交を強化しているのです。ロシアという国は地理的にヨーロッパの国であり、またアジアの国です。最近はヨーロッパ金融危機でロシアのヨーロッパへの関心が薄れている一方で、いま世界の発展のセンターとなっているのがアジアです。そこでプーチンは、アジア太平洋外交への参入を強化しています。プーチンはなかなかおもしろい人です。中国の社会主義体制は共産党という組織の独裁ですが、ロシアの場合は個人独裁です。中国で例えばトップの習近平が急死すると、多少の動揺があるにしても、後継が選ばれ、共産党の一党独裁体制はびくともしない。しかし、ロシアではプーチンが急死すると、今の体制は瓦解します。つまり、プーチンが独りで何でも決める個人独裁体制が作られている。二〇一二年に出版した『独裁者プーチン』にも書きましたが、彼はサンクトペテルブルグの貧しい労働者の家に生まれて、身なし子だった可能性があるのです。彼の両親は二人とも四一歳のときにプーチンを生んだのですが、二人とも、サンクトペテルブルグは激戦地だったから第二次大戦で重傷を負っているのです。プーチンのお兄さんも二人、戦争などで亡くなっている。そういう貧しい境遇のなかで、彼はソ連のスパイ組織・国家保安委員会（ＫＧＢ）に一六年間入っていた。ドイツにもいて、ドイツ語の通訳もできます。プーチンは元ＫＧＢのスパイだったことを利用して、国民や周辺に恐怖心をもたせる独特の政治手法を使います。彼が普段笑うことはあまりないのですが、時々よく笑うことがある。柔道が好きで、柔道の話になるとよく笑います。柔道五段で、柔道がなかったら私の今の地位はなかったというくらい柔道が好きなようです。それと最近、プーチンが珍しく笑ったシーンは、犬について話したときです。秋田県の佐竹知事が二〇一二年の夏、秋田犬をプーチンにプレゼントしたときも彼は非常に喜んで笑っていました。秋田犬っていうのは忠誠心が特徴です。プーチンの政治のキーワードも忠誠心なのです。ロシア人はペットが好きで、各家庭の六割がペットを飼っています。それはどうしてかというと、ロシア人は人間を信用しないから。プーチンもそうなのです。プーチンは周辺の連中はイエスマンばっかりで信用しないから、犬に逃避しているところがあるようです。

最近の日ロ関係にもふれたいと思います。二〇一二年夏に北方領土のビザなし渡航に行ってきました。このビザなし交流は、一九九一年にゴルバチョフが日本に来たときに提案したもので、要するにビザやパスポートをもたずに四島に行くシステムです。つまり、パスポートをもっていくとロシアの主権を認めたことになるので、日本人としては行けないわけです。島民の人口は今四島合わせて一万七〇〇〇人くらいいる。日本の立場は四島は日本領で、日ロの国境線は択捉島とウルップ島の間にあるとしています。しかし、ロシア側は四島をロシア領としていて、ロシアの行政区画に含めている。日本側はロシア主張の国境線を中間ラインと呼びますが、日本の漁民が中間ラインを越えて操業しているとロシアの国境警備隊が撃ってきます。冷戦後も緊迫した情勢にあるわけです。二〇一二年にビザなし渡航に行ったときに、根室から船で最初国後に行ってロシア側の入域手続きを受けるわけですが、国後のあと、択捉島にも行きました。択捉島の太平洋岸に歴史的な意味のある湾があります。ヒトカップ湾といいます。一九四一年一二月八日に旧日本軍の真珠湾攻撃がありましたが、真珠湾攻撃に向かう連合艦隊の軍艦三一隻がこのヒトカップ湾に集まったのです。ヒトカップ湾はハワイに近く、機密性が保たれるから、日本各地の軍港からこの湾に入って約一週間かけて真珠湾攻撃に行ったのです。このとき、真珠湾攻撃がなく、対米戦争が起きていなかったなら、北方領土や千島は今も日本が実効支配したままです。だからある意味で、北方領土問題の起源や日本の悲劇の始まりがこの湾なのです。このヒトカップ湾をみたいと思って二〇一二年ビザなし渡航に参加したのですが、結局ドタキャンされてしまいました。ロシア軍がヒトカップ湾のそばの軍事基地で急遽軍事演習をやることになったため、日本人にみせられないということでした。調べてみると、この軍事演習は中国の海洋観測船がその直前、初めてオホーツク海に入ったことにロシアが神経を尖らせ、急きょ実施したようでした。中国の海洋進出がオホーツク海にも及んでいてロシアが苛立っているようです。

領土問題については、ロシアの前大統領メドヴェージェフが二〇一〇年に北方領土の国後島を訪れて、日ロ関係は冷戦後最悪といわれるほど悪化しました。メドヴェージェフは政権内の改革派なのに、近年は民族愛国主義に訴えて復活を果たそうとしています。彼は今首相ですが、大統領を二期できなかったことに不満がある。ロシアの憲法では大統領は二期八年で三選禁止のため、プーチンは一期部下のメドヴェージェフに大統領をやらせ、自らは首相を四年間務めたあと、再び大統領に戻ってきた。メドヴェージェフは使い捨てだったわけですが、捲土重来を目指していて、復活するために保守色を強めている。一二年七月にも国後島を訪れ、そこで、一センチたりとも返さないと強硬発言をしました。プーチンとは違います。プーチンは一回も北方領土に行ったことがない。メドヴェージェフは大統領時代、択捉島の軍事基地の軍事力強化を指示したりしました。日ロ関係が二〇一〇年、一一年と非常に険悪化して、交渉もできないような状況になったのは、メドヴェージェフの責任でもあります。

しかし、流れを変えたのは三・一一東日本大震災でした。大震災の直後プーチン首相は、日本が大変なことになっていると、食糧や水を緊急支援し、救援部隊を派遣したのです。そこで日ロ関係がまたリセットされた。二〇一二年五月にプーチンが大統領になったあと、また交渉機運が浮上し、二〇一三年四月には安倍首相が訪ロしました。ただ領土問題ではプーチンの路線はあくまで二島の引き渡しで決着させたいということです。一九五一年にサンフランシスコ平和条約があって日本はそこで独立を果たしましたが、ソ連は講和条約に参加していなかった。だから五六年に当時の鳩山首相、鳩山由紀夫さんのおじいさんがモスクワに行って、日ソ共同宣言を出して、国交を回復したわけです。その五六年宣言には、日ソ間で平和条約締結後に歯舞・色丹の二島を引き渡す約束が明記されました。プーチンは法学部出身で、法律にうるさくて、領土問題では五六年宣言をもとにこの二島返還で解決せざるをえない、としています。彼は就任した二〇〇〇年ごろからずっとそういっています。プーチンの領土問題に関する基本姿勢は、北方領土は第二次大戦の結果ソ連領となったので、そのことは国際法で決まっている。しかし二島については五六年宣言に沿って引き渡す、そういう立場なのです。

しかし日本側にとっては第二次大戦前までずっと四島は日本領だった。だから、面積の七%にすぎない二島だけでは応じられない、これはもう国民的な認識になっています。

3　中国への恐怖感

日ロ関係が動くなかで、北方領土問題でさまざまな構想が出ていて、例えば、面積の折半論があります。安倍総理の特使としてモスクワに行った森元総理も、テレビで三島の返還論が一番良いのではないか、といっていました。それはどこからきているのかというと、中国との間での国境問題です。中ロ国境問題は最後に三つの島が係争地として残って、それを面積折半の原則で、ロシアが二〇〇四年に半分中国側に渡すことで合意したのです。その後ノルウェーやカザフスタンとの国境問題でも折半の原則で政治解決しています。つまり、プーチンの領土問題に関するアプローチは面積折半なのです。しかし、歴史的因縁のある北方領土問題にも折半方式を導入するかは疑問です。日ロ関係は二〇一二年の秋ごろからかなり好転して、経済関係も拡大し、安全保障協力にも踏み込みました。プーチン、安倍両首脳は、ともに、民族・愛国主義者、保守主義者だから保守派同士でケミストリーが合うらしいのです。ただ、プーチンの人気は二〇〇〇年代初め七〇、八〇%と非常に高かったのですが、今はもう五〇%前後です。政権基盤が危うくなりつつあるなかで、領土での妥協はリスクを伴いますから、大幅な譲歩ができるかという問題があります。北方領土問題はメディアでも大きく取り上げられ、劇場型となっています。この点が秘密交渉で進めた中ロ国境問題と違う点です。プーチンが日本を重視していて、平和条約を結びたいという意思があるのは間違いない。二〇一二年三月に、プーチンがメディアとの会見で、領土問題について日本語で「ヒキワケ」という言葉を使っていました。朝日新聞の記者が「二島だけならヒキワケにならない」といったら、「それなら私が大統領になったあと、両国外務省に『ハジメ』の号令をかける」と。つまり領土交渉を本格的にやろうということです。日本が抱える領土問題は尖閣、竹島、北方領土と三つあります。二〇一二年の夏、韓国の李明博大統領が竹島に行き、尖閣でも中国がいろいろな圧力を強めてきています。それにロシアが北方領土で攻勢に出たら三正面作戦だったのです。しかしロシアはこれに乗らなかった。ロシアの尖閣問題に対する立場は、日中が平和裏に問題を解決することを望んでいる、という中立的な立場でした。

では、プーチンがなぜ日本重視の姿勢に転換したかというと、一つはエネルギーの有望輸出先であるためです。ロシアという国は製造業が振るわないから、結局、資源で潤うしかないのです。プーチンの経済戦略も資源をいかに有効に使って、世界的な超大国の座に復活するか、というものです。しかし今アメリカでシェールガス、シェールオイルが開発されて、二〇一一年あたりからアメリカが最大のガス生産国になった。それまではロシアが最大のガス生産国だったのが、シェールガス革命の結果、ロシアは第二位に転落してしまった。ロシアはこれからガスをLNG（液化天然ガス）にして、アメリカに売ろうとしたのですが、もうアメリカには売れないのです。ヨーロッパも通貨危機で、ロシアからの購入はどんどん落ちています。中国も六、七年前にロシアからのガス輸入で合意したのですが、価格で未だに合意していないです。中国は国際価格より四割くらい安い価格でないとロシアから買わないといっている。中国は中央アジアとかアフリカ・中東からガスをどんどん輸入していますから。そうすると、ロシアがガスを売る有望市場は日本しかない。福島第一原発事故が非常に大きいのです。あれで原子炉が稼働停止して、日本は代替エネルギーとしてガスを大量に輸入せざるをえなくなった。ロシアからのガス輸入は今全体の八%くらいです。これが今後増えていくと思います。また、ロシアからの石油輸入も増えている。かつてソ連と西ドイツの歴史的和解はエネルギー協力で実現しました。第二次大戦の独ソ戦では二七〇〇万人のソ連人が亡くなり、戦後もずっとドイツはソ連にとって最大の敵国だったのですが、七〇年代のデタント期に西ドイツがシベリアのガスをパイプラインで輸入するようになったことが関係を劇的に変えました。独ソ関係の転機はエネルギー相互依存だったのです。日ロ関係も同様に、エネルギー相互依存の関係になりつつある。そういう相互依存関係が日ロの戦後処理解決につながるかどうか、その辺が焦点になります。

極東の過疎化がどんどん進んでいるなかで、ロシアは日本企業の進出を希望しています。マツダが二〇一二年九月にウラジオストクで工場開所式をしたときに、プーチンが飛び入り参加して日本の自動車技術力を称賛していました。日本企業のロシア進出は、最初は家電製品で始まりました。つぎにロシアに出ていったのが、日本車です。日本車は人気で、どんどん売れている。一方で、IT製品や家電など、かつて日本が得意とした部門の輸出は振るわない。スマホなんかロシアは韓国から輸入していています。日本企業進出に関する新しい動きは、日本のソフトブランド企業が出るようになったことです。ロシア人が一番好きな国は五、六年前の調査ではフランス、ドイツ、日本の順でした。アジアのなかではロシア人は圧倒的に日本贔屓《びいき》で、中国人を嫌っています。ロシアで最大の人気作家は村上春樹です。三島由紀夫などの日本文学も、どんどん翻訳されています。日本食も大変なブームだし、日本企業としてはそういうソフトブランドをもっと利用する必要があるのです。ここ数年、日本のソフトブランド企業が進出を強めていて、例えばユニクロはもうモスクワに三店舗オープンしています。一号店がオープンしたときはユニクロの前に五〇〇メートルの行列ができました。それから積水ハウスや、資生堂、ワコール、電通というハードじゃなくてソフトブランドの企業がどんどんロシアに出て、グローバル企業として成功しています。ロシアの高官は、中国企業ではなく、日本企業に進出してほしいと公言しています。

もう一つ、プーチンが日本に接近を強めた理由は、中国への警戒感です。先ほどいったようにGDPは中国がロシアの四倍になっている。中ロ関係は、みていると二〇〇五年がピークでした。二〇〇四年に国境問題が解決して、合同軍事演習まで始めていましたが、当時のような高揚感はもうありません。例えば貿易に関しては、特にロシア側に不満が強い。貿易構造をみても、今はロシアの輸入の方が多い。ガス輸出も合意したのに中国は未だに買おうとしない。かつて中国はロシア製の兵器を買いましたが、最近はもうほとんど買っていません。それは中国がロシアの兵器、特に戦闘機あるいは駆逐艦などをコピー生産するようになったためです。コピー生産した航空機を、ロシアの友好国にまで売ろうとしているのです。そういうことに対するロシアの不満は相当強いようです。あるいは中国人の不法滞在。ロシアに何百万人中国人がいるか、まったく分からない状況です。極東の国境ではパスポートじゃなくて、証明書みたいなものがあればすぐ入れるので、そのまま不法滞在するのです。農民がロシア極東の土地をレンタルして耕しています。ある意味で極東の一部の土地は、中国人によって既に実効支配されている状況といえます。それだけ中国の人口圧力はすごいのです。極東のどの町に行ってもやはり、中国人街ができている。経済協力にも限界がみえます。貿易自体は、中国が二年前からロシアにとって最大の貿易パートナーになりました。ただし、内容は先ほどいったように中国による植民地貿易、つまり資源を買って製品を売るという植民地簒奪貿易です。それがロシアの製造業の発展を阻害しています。それから中国の軍事力台頭。いま中国の国防予算はロシアの二倍になっています。定期的に合同軍事演習をやりながらも、中国の軍事力台頭は、ロシアにとっても脅威になっている。二〇一二年の夏に、環太平洋海軍合同軍事演習・リムパックという合同軍事演習があったのですが、それにロシアが初めて参加しました。それまではオブザーバーでしたが、今回初めて太平洋艦隊の軍艦を派遣した。日本に対して防衛交流と安保対話を強く求めています。日ロともに中国の脅威を警戒しているから、ある意味で共通項があるわけです。しかし一方で、ロシアにとって中ロ対立は「戦略的悪夢」なのです。ロシアは同盟国がないですし、人口も減っていて経済力もかなわないので、中国と対立することは悪夢なのです。だから、中国と敵対することは絶対避けると思います。中国と安定的な関係を築きながら、一方で日本やベトナム、インドなどの周辺諸国と連携し、中国の暴走を抑えるのが当面のロシアの最大の東アジア外交という気がします。

質疑応答

質問①

二〇〇九年か二〇一〇年ごろ、エネルギーの関係を基盤とした北東アジア共同体構想がロシアのなかであるという話を聞いたのですが、その構想というのは今も生きているのでしょうか。

名越

ロシア人はレトリックが得意で、しゃべるだけなのですよ。例えばゴルバチョフも昔「欧州共通の家」といったが、実現しなかった。ロシア人は外交でいろいろ壮大な構想を提案しますが、ほとんど実現したためしがない。北東アジアのエネルギーを基盤とした共同体も、レトリックとしては言ったけれど、実現性はほとんどないです。ロシアのガスの最大のお得意様はアジアでは日本と韓国で、中国はまだロシアからほとんど買っていません。ロシアのガスは買っていますが。これからは個別に日本・韓国重視で行かざるをえないでしょう。共同体といった構想に突き進むはずがない。買い手市場だから、ガスは余りつつあります。日本はその点、原発を再稼働すれば使用済み核燃料がいっぱいあるわけだから、コストがかからない。しかし、反対運動が強いから再稼働に至っていない。その結果、年間三兆五〇〇〇億円をエネルギー代金に充てている。貿易赤字が増えるということです。プーチンはそこに目をつけているわけです。ある意味で日本にとっては原発再稼働の方が経済的かつ外交的な地位を高められると思います。若い人は原発反対でしょうけれど。

質問②

今、ロシアと日本の関係が徐々に好転しつつあるとおっしゃいましたが、それはプーチンが健康で何の問題もないことが前提なのか、それとも人が代わったとしても、そのまま日ロの友好的な流れは続いていくのかという点が疑問です。メドヴェージェフになったときにすごく対日強硬策に代わったな、というイメージがあったので。

名越

確かに、二〇一二年の一一月からプーチンは腰を痛めてしばらくうまく歩けないことがあって外遊を延期したり、自宅で静養したりすることが多くありました。しかし一二月ころから回復して、外遊するようになったし、この前の記者会見では四時間半延々としゃべりっぱなしだった。健康は問題ないのだろうけど、やはりロシアはプーチンの個人独裁だから、プーチンが倒れたら何も進まないことが分かりました。二〇一二年秋、国防相セルジュコフが解任されるなど、プーチンの体調がおかしくなると何かが動く政治構造になっている。つまり、プーチンに全面的に依存する不安定な政治構造になっているのです。日ロ関係が好転したのも確かに、プーチンの日本に対する特別な思い入れがあったのは間違いないわけです。一方でメドヴェージェフは国後に二回行って、そのときに領土を一片たりとも返さないといっている。メドヴェージェフは政権内では改革派なのですが、日本に対しては非常に強硬派で、彼が大統領にまた復活すると日ロ関係が悪くなりそうです。ただメドヴェージェフは、ロシア社会では相手にされないから復活する可能性はないと思います。別の人がなる場合でも、中国への脅威感、それから日本の経済的重要性という客観構造は変わらない。そんなに大きく変化することはないと思います。むしろ民主的な指導者が出ると、国民感情は親日的だから、日本にさらに好意的な政策を取ることになるかもしれない、と感じています。

（名越健郎）

第14章　日本の文化外交とアジア共同体

本日は、アジア共同体実現のために何ができるのか、という問いに対して、文化発信、筆者は文化外交と呼んでいますが、そうした活動をさらに活性化していくことに一つの道があるということをお話したいと思います。

1　ソフトパワーとしての日本文化

(1)　ジャポニスムという時代

かつて日本文化が世界に大きく受け入れられた時期があります。いわゆる「ジャポニスムの時代」です。ジャポニスムという言葉を初めて使ったのは、フランスの美術評論家ビュルティ（Philippe Burty）であったといわれています。その定義には諸説ありますが、ここでは以下のように定義したいと思います。

「ジャポニスムとは、一九世紀後半に、ヨーロッパやアメリカの美術に与えた日本の影響をいう。影響は美術のすべての分野に及び、絵画、彫刻、版画、素描、工芸、建築、服飾、写真に広くみられ、さらに演劇、音楽、文学から料理に至るまで諸例が報告されている[1]」とここではひとまずしておきたいと思います。また影響が広まった地域はヨーロッパ、アメリカ、オーストラリアと広い地域に及んでいました。

そしてその終焉は第一次世界大戦前後の時期であったとされています。エキゾチスム（異国趣味）という点からは一九世紀はじめ以来のオリエンタリズムの一環として考えられますが、約半世紀のあいだ西洋の伝統的な技術様式や価値観を覆す刺激をさまざまな分野で与え、やがて新鮮味を失ってその役目を終えました。

ちなみに、似た表現としてジャポネズリー（Japonaserie）という言葉がありますが、これは日本のモティーフを導入した幅の広い芸術・工芸作品を指します。ジャポニスムはそれをより専門的に発展させたレベルであり、日本の技法の模倣、日本の美術にみられる原理と方法の分析と応用を意味します。

しかし、残念ながらこうした日本人気は日本の対外政策がアグレッシブになっていくなかで、とくに第二次世界大戦によって、日本のイメージと日本文化への評価は大きく後退していきました。

（2）安定した「好いイメージ」

壊滅の危機に瀕した第二次世界大戦後の日本にとって、最大の課題は国家復興でした。幸いアメリカの復興援助の下、日本は高度経済成長に成功しました。日本は戦後「吉田ドクトリン」と呼ばれた経済重視・軽武装の政策によって、安全保障上の負担を日米同盟の枠組みのなかで免除され、経済産業発展に集中することができました。その背景には、戦後日本国憲法第九条に定められた戦争放棄、平和擁護の立場からする平和思想がありました。戦後日本は第二次大戦の反省にかんがみ、ときに「安保ただ乗り（free rider）」と非難されることもありましたが、終始この立場を堅持してきました。

また急速な経済成長に伴う、海外貿易の拡大や欧米諸国との一連の貿易・経済摩擦は日本に対する激しい批判を招きました。アメリカとのあいだでは、繊維・鉄鋼・自動車・農産物（オレンジ・牛肉）、ヨーロッパとともビデオ・自動車をめぐる摩擦が六〇年代以後八〇年代まで繰り返されました。こうしたなかで、成長する日本のイメージはきわめてアグレッシブであることが多かったといえます。日本人のメンタリティーに対する疑念はなかなか解けませんでした。しばしばいわれてきたことですが、「ウサギ小屋」のような小さな家に住む働き者、ホンダのバイクに乗って、眉を怒らせたビジネス戦士というイメージが付きまとったのは事実です（これは仏語週刊誌L'expressの表紙絵にもなりました）。初期のマンガに対する暴力的なイメージの基礎にはそうした欧米人の意識が反映されていました。

しかしこうしたイメージは今は次第に薄らいできています。日本人は平和的で、繊細で、細かい愛情や感性をもつ民族であることが次第に理解されてきているからです。

冷戦終結後のバブル崩壊は経済大国日本の攻撃的なイメージを緩和させることに貢献しました。加えて、冷戦終結によって軍事・イデオロギー面での緊張は軽減し、経済のグローバル化はますます国際協力の重要性を大きくしています。その点では戦後一貫して平和国家のイメージを伝えてきた日本の外交は有利な立場にあるといってよいと思います。

今では、日本に対する好奇心と理解力をもつのは、かつてのように一部の海外経験の豊富な知識人や高位の職にある人々に限りません。異国情緒趣味を超えて、伝統とともに近代的文化・社会の建設に成功した日本のイメージが先ず前提にあり、同時に一部の知識人にとどまらず、若い世代を含めた広い層にまでさまざまな文化領域での日本理解は拡大しているといってよいと思います。忘れてはいけないことは、批判や摩擦を生む原因となりましたが、日本文化が受け入れられ、そのイメージが向上するには、「経済大国」、「技術工業大国」としての高い評価がありました。政治的安定もその要因です。日本に対する信用がその背景にあります。

ＢＢＣワールドサービスが二〇〇六年一一月から翌年一月にかけて行った世論調査報告（二七カ国の人々が世界の一三の国・地域が世界に与える影響をどうみているかについての調査）では、日本の世界に対する影響が「肯定的」とする意見は五四％でカナダと同率で最も高いものでした。ついでＥＵ、フランスも五〇％以上でした。他方で二七カ国中二五カ国で、日本に対するイメージとして「肯定的」が「否定的」を上回っていました。カナダ、アメリカでは七〇％前後の人々が「肯定的」、ヨーロッパでは各国とも五〇％以上の人々が「肯定的」でした。逆に「否定的」が六〇％前後を記録したのが韓国と中国でした。二〇一二年にも「肯定的」とする意見は五八％で、日本は第一位でした（翌二〇一三年は、中国や韓国との摩擦から五一％で四位に後退しました）。日本は「よい影響を与えている」については二〇〇八年調査では五位、〇九年調査では二位でしたが、常に高い位置を示していることに変わりはありません。

（3）クール・ジャパン―世界が認める日本のポップカルチャー―

こうしたなかで、日本外交にとって文化交流は次第に大きな位置を占めてきているといって過言ではないと思います。

アメリカのナイという政治学者が九〇年代から「ソフトパワー」という言葉を使って外交の新しいあり方を主張して話題となりました。その真意は軍事力や経済力のような手段を用いて相手国を強制することなく、「自国が望むものを他国が望むようにする力」というものです。具体的には「魅力的な文化」、「政治的な価値」、「正当で敬意を払われるべき外交政策」です。ウォルト・ディズニーを嫌いな人はほとんどいませんが、これこそソフトパワーの代表的なもので、アメリカに対する肯定的なイメージをつくることに大いに貢献していると思います。

ダグラス・マックグレイは二〇〇二年に発表した論文Gross National Cool[2]で、日本の文化的潜在力について論じました。バブル崩壊以後経済的に後退する日本経済とは裏腹に、ポップカルチャーの面で日本は世界に大きな影響力を及ぼし始めた、と論じたのです。問題は、これを一過性のはやりすたりのものと考えるのか、国際的に定着した日本文化として育てていくべきものなのか、という点です。

筆者はここでは後者の立場を取ります。というのは、マンガ、アニメはすでに海外では三〇年以上の歴史をもつ一つの文化ジャンルとして商業的にも成立しているからです。アジア諸国ではドラえもんをはじめとして鉄腕アトムなどはすでに子供たちの親の代からです。ヨーロッパではフランスが日本のアニメ、マンガの中心地ですが、一九七八年にテレビで放映されたアニメ「UFOロボ・グレンダイザー」（ゴールドラックGoldrakeのタイトルで放映）は日本アニメブームの火付け役となりました。この世代はすでに中学生の子供をもっています。つまり日本マンガ・アニメ世代は第二世代、第三世代に入っているといえます。

印象派、アールヌーヴォー、アールデコ、ジャズ、ハリウッド映画などははじめ新興で、下品と評価され、社会・権威に対する若者やマイノリティの反発と批判されました。しかしそれらが時間を経て、世界的な大衆の支持を得るようになると、次第に求心力をもつようになります。世界性を増し時間がたつにつれて、それらの文化的価値は増幅されます(3)。多くの人が関心をもち、かかわるようになると、技術やコンテンツに深みが増すのは当然なことです。今、日本のポップカルチャーもそういう世界文化の一ジャンルとして認証される時期に入っているといえるでしょう。

かつてのジャポニスムとの大きな違いはここにあります。つまり日本の国際的信用とその地位の高まりを背景にして、今日の日本文化（ネオ・ジャポニスム）は単なる異国情緒趣味にとどまらず、また一過性のものでもないということです。それは歴史的に根拠のある基盤をもったものなのです。

（4）多様性を通した日本文化の総合的理解

要はこれをどう育てていくのか。日本外交にどのように生かしていくのかということです。その際に日本の文化の多様性に注目することが必要だと思います。日本文化の場合、伝統的文化からマンガ、アニメにいたるまでその多様性が大きな特徴ですが、日本政府は「文化」を以下のように定義しています。大雑把に「ハイカルチャー」と「ポップカルチャー」に大別し、ハイカルチャーには、教養人を対象とする文学、建築、ポップアート、現代ダンス、映画（内容次第ではポップカルチャーでもある）などが入ります。外務省英語版広報での分類ではポップカルチャーを広義に規定し、「大衆文化」程度の意味で用いていますが、それに従うと、若い人たちを対象とするマンガ、アニメ、ゲーム、ヤング・ファッション、J-POP、年長者も対象とする日本料理、武道、日本のドラマ、ハイテク製品（ヒューマノイド、ロボット）、折り紙・生け花・茶道・囲碁・大相撲などの伝統文化がポップカルチャーに入ります。マックグレイが強調したのは、アニメ・マンガ・ゲームなどの分野でしたが、これらの分野の素材は多岐にわたります。マンガの特徴としてよく挙げられるのは、少年冒険もの、少女マンガ、料理、時代劇、歴史もの、スポーツ、恋愛、セックス、暴力など多様であり、それ自体日本の文化領域の多様性を示しています。ポップカルチャーが流行したからといって、それだけが日本文化だと考える人は少ないでしょう。実際には日本文化はその多様性を紹介することを通して、総合性のある幅広い文化として理解される傾向にあります。

世界各地で開催されている日本展では、従来のお茶・お花、相撲・柔道、書道などとともにマンガやビデオのコーナーは今では欠かせないものとなっています。その最たるものがヨーロッパ最大の日本ポップカルチャー見本市である「Japan Expo」です。アニメ、マンガの販売、コスプレ、漫画家のサイン会や講演などの企画です。四日間で二〇一三年には二十数万人が集まりました。若者が中心ですが、すべてではありません。家族ぐるみで楽しむ来客もたくさんいます。近年こうしたポップカルチャーに加えて、武道・書道など伝統的な日本文化や地方紹介、日本語教育キャンペーンという啓蒙的側面も増えています。日本政府もそういう点で強く働きかけているというのが現状です。

二〇〇五年七月に小泉首相（当時）が設置した「文化外交の推進に関する懇親会」の報告書では、日本の文化や社会モデルを「二一世紀型クール」として提示しました。伝統文化と現代文化を含む多様な日本文化を、面白さ、楽しさ、美しさ、健康などの身近な生活のなかの幸福感の追求と密接にかかわらせながら、同時に自然や環境と調和した持続的な物心両面における豊かな生活を創りあげていく社会のあり方と重ねて世界に発信しようという発想です。

2　アジア共同体の形成のための日本のイニシアティブ

(1)　国家ブランド戦略

こうした取り組みは政府レベルでは「ブランド戦略」として追求されています。二〇〇九年三月に知的財産戦略本部のコンテンツ・日本ブランド専門調査会は「日本ブランド戦略」を発表しました。アニメ、ゲームのコンテンツ、食、ファッションなどを「ソフトパワー産業」と位置づけて「日本ブランド」として戦略的に創造・発信することを明らかにしました。

ディニーは、国家ブランディング論とは政治学などによる国家アイデンティティ研究とマーケティング分野での原産国（country of origin）研究が融合したものと指摘します。(4) ヴァン・ハムによれば、イメージが支配的なポストモダン社会においては他国と明確に差別化された国家イメージは影響力の源になります。彼は、消費者が商品に対してブランドという形で抱くイメージと同様なものとして、外部世界がある国に対してもつイメージを「ブランド国家」と呼びました。(5)

ブランドの定義はさまざまですが、「販売者・販売グループの商品やサービスの出所を確認・自己認識させ（アイデンティティをもたせ）、競争相手の商品などと区別するための名前や言葉、象徴、シンボル、デザイン、またはそうしたものの結合されたもの」ということになります。(7) ブランドの定義は、そのようにアメリカ・マーケティング協会の定義と似た使い方が多くの場合されているのが実情です。

いずれもポジティブなイメージをもつ商品やサービスに対しての呼称です。そうしたものは文字通り、日本のマンガ、アニメが流布した理由として、日本のマンガ、アニメに備わっていたものだといえます。

日本の場合、先行したのは観光立国を目指した動きでした。国土交通省「グローバル観光戦略」（二〇〇二年一二月）や二〇一〇年に訪日外国人旅行者数を一〇〇〇万人にする方針を示した小泉首相の施政方針演説（二〇〇三年一月）を皮切りに、観光立国懇談会報告書（二〇〇三年四月）、観光立国関係閣僚会議「観光立国行動計画」（二〇〇三年六月）、観光立国推進戦略会議報告書（二〇〇四年一一月）などが相次いでまとめられました。二〇〇四年にはVisit Japan Campaign実施本部が設置されました。Youkoso Japanは同キャンペーンのスローガンとなっています。

そうしたなかで、法的な整備としては、観光立国推進基本法（二〇〇六年一二月）、観光立国推進基本計画（二〇〇七年六月）が制定され、二〇〇八年一〇月には国土交通省の外局として観光庁が設置されました。

二〇〇六年に始まった海外交流審議会の答申などを受けて、政府は広報外交（パブリック・ディプロマシー）の具体的措置として、①日本語教育の海外での活性化（海外に一〇〇の教育拠点を創設、eラーニング（インターネットでの日本語教育）、日本文化ボランティアプログラム、日本語能力試験の改善など）、②伝統文化とポップカルチャーの活用、文化イベントの発展、アニメ大使、国際漫画賞など、③国際テレビ放送の拡大、④国際文化協力（文化助成プロジェクト、ユネスコや国連大学を介した協力）、⑤知的交流と知的リーダーへの情報提供（大学・シンクタンクへの支援、人物交流（JETプログラム、オピニオンリーダーの派遣・受け入れ、留学生三〇万人受け入れ））、⑥政策決定者への支援強化（さまざまな分野における日本人専門家の影響力ある国際会議への戦略的派遣、日本人専門家能力構築の支援、日本での重要な国際会議開催）などを掲げています。

(2) 文化外交発展の道―アジアのアイデンティティの創造と共同体の形成―

すでに日本のイメージが好いということは改めていうまでもありません。日本文化を通してまさに日本という国が「ブランド」となっているというのが現状です。フランスにはもともとチーズケーキはありません。それはアメリカのものです。しかし、フランス風チーズケーキという言葉は一般には響きのよい、高質で上品なイメージを与えます。日本という言葉の響きは、今や、「慎ましさ」、「平和」、「安定」、「他人への思いやり」、「繊細」などポジティブなイメージを伴っているといえるでしょう。こうしたイメージを日本のブランドとしつつ、アジアや世界に広めていくなかで、一つの「共同体感覚」ができていくのだと筆者は考えます。かつてベネディクト・アンダーソンが『想像の共同体』で述べた要点はそこにあります。アンダーソンは地域言語（ラテン語ではなく）で書かれた書籍が普及し、情報や判断を特定地域の人たちが共有していくことで、同じアイデンティティをもつ人たちの「共同体」が形成されると述べました。アジアとしてのアイデンティティを共有することが重要です。筆者はその延長にアジア共同体の形成もあると思います。

アジア共同体を模索し、そのための文化的側面を協調することはとても重要ですが、よくいわれるようにヨーロッパと違い、アジアは文化的に複雑で多様な社会です。青木保氏は、それを「混成文化」という表現で呼びました。つまり、東アジアの文化は、①土地固有、地域固有の文化、②アジア大陸の大文明である中国・インドの二大文明、③近代西欧文化・現代アメリカ文化という三つの文化の混成です。東アジア諸国が、こうした三層の混成文化のなかの「共通性」をどう評価してお互いの文化基盤としていくのか、ということは今後の大きな課題です(7)。

そのためにはわれわれの側でも準備が必要です。

第一は、文化担当専門官の本格的な育成です。文化交流事業には政府・政治家がかかわっていることも多く、公式外交ルートでの情報交換や協力が不可欠です。

第二に、知的交流と日本語普及はまだ十分に位置づけられていません。著名人を講演やシンポジウムに派遣すればよいという傾向が依然としてあります。また現地の日本語教師会の支援でよいという考えも不十分です。知的交流には専門領域での地味で継続的な知識人の交流が不可欠であり、日本語教育の浸透には日本からの教育体制への支援と現地政府との日本語教育活性化のための交渉を一体化させた活動が不可欠です。いずれも専門的知識とスキルをもち、行政にも通じている人材の育成は急務です。

ただ、言語普及活動はわが国だけのことではありません。そうした意味からはEUが加盟国すべての言語教育を加盟国内で義務付けているように、統合は進むけれど、文化的多様性は維持していくということにも注意する必要があります。

第三に、こうしたなかで日本の外交戦略・外交見識を海外に明確に伝えていくことですが、この部分が一番弱いところです。それは日本外交の主張が希薄であるからです。主体性と普遍性のある発言が日本に求められており、そのためには真にグローバルな視野からの見識を提言すべきです。平和的文化大国としての日本のイメージはそのための基礎として十分です。手段と方法は育っているので、外交見識の育成をどう進めていくのか、外交論壇の枯渇的状況の改善も不可欠です。それは、アジア諸国全体が共有するコンセプト形成に向けた主導的発信になると考えます。

最後に、ハコモノ行政に対する厳しい批判はありますが、戦略的な優先順位と予算の重点配分は再検討したほうがよいと思います。パリ日本文化会館はフランスと世界における日本の文化活動のシンボルの一つです（国際交流基金のもっとも大きな在外公館）。最近では中国や韓国もパリでの文化活動に積極的になっています。パリで評価されることがヨーロッパ全体、そしてアメリカと世界に大きな影響力をもつことを考えてみれば、当然のことだと思います。

アジアにおいても同じことがいえます。国際交流基金は各地に文化発信の拠点をもっていますが、たとえばシンガポールのジャパン・クリエイティブ・センターにみられるように、共通の価値観を創造していくプロセスを重視することがこれからとても大切になっていくと考えられます。

【注】

（1）馬渕明子『ジャポニスム』ブリッケ、一九九七年、一一ページ。ジャポニスム学会『ジャポニスム入門』思文閣出版、二〇〇〇年参照。拙書『フランス文化外交戦略に学ぶ』大修館、二〇一三年参照。

（2）Mcgray, Douglas, "Japan's Gross National Cool", *Foreign Policy*, 2002.

（3）中村伊知哉・小野打恵『日本のポップパワー』日本経済新聞社、二〇〇六年、八四〜九五ページ。

（4）Keith Dinnie, *Nation Building: Concept, Issues, Practice* (Butterworth-Heinemann), 2008.

（5）Peter van Ham, "The Rise of the Brand State", *Foreign Affairs*, vol. 80, no. 5, September/October 2001, pp. 2–6.

（6）Keith Dinnie, op. cit., p. 14.

（7）青木保『異文化理解』岩波新書、二〇〇一年、同『「文化力」の時代―21世紀のアジアと日本―』岩波書店、二〇一一年。

（渡邊啓貴）

第15章　アジア地域共同体と日本

1　激動するアジア

本日は「アジア地域共同体と日本」というテーマでお話しさせていただきます。このテーマを考えるとき、この地域で現在起きているいくつかのことを考えなければならないと思います。一つは、みなさんご承知のように特に日本からみて現在大きな問題となっているのは尖閣列島の問題です。若干広く捉えれば、東シナ海、南シナ海で島嶼をめぐって、中国といくつかの東アジアの国々のあいだの係争があります。このような安全保障の問題をいかに解決していくかが問題です。

アジア太平洋で起きている二つ目の大きな現象は、中国の台頭です。より広くいえば新興国の台頭でして、中国だけではなくて、インドとかＡＳＥＡＮの国々の急速な経済成長があるわけです。中国の場合には二〇一〇年にＧＤＰで日本を抜くなど、経済的に非常に強くなり、それと同時に軍事力も大きくなっています。公式の統計によると、中国はＧＤＰの一定の割合（二・五％くらい）を軍事費に使っています。毎年GDPは一〇%くらい増えるので、軍事費も一〇%くらい増えていくわけです。それに対して、アメリカはアジアの経済成長を取り込み、しかし中国の安全保障上の進出に対抗するという若干複雑な政策を展開しています。中国とアメリカの経済関係はだんだん中国に有利になっています。二〇〇八年の秋にリーマンショックがあり、それ以後アメリカ国内で、真偽はともかくとして、「アメリカ衰退」についての議論が流行っています。

それから、三番目にナショナリズムの台頭があります。相対的な問題ですが、国際政治をみるときに国家を中心にしてみていく、そういう意味では誰でもナショナリストといえます。しかし、自己の利益だけ追及することがナショナリズムであるとすれば、そのようなナショナリズムがだんだん強くなってきているのは危険かもしれません。例えば、中国は、中華民族の復興などのスローガンを掲げています。また、他の国からみれば、日本にもそのような指向性があるのかもしれません。さらに、領土問題は、ナショナリズムを刺激します。

このような大きな流れのなかでアジアにおける制度とか共同体というのを考えなければならばならないということですが、このような流れのなかで、四番目にTPPとかRCEPとかEASというものがあります。TPP（環太平洋経済連携協定）は、もともとはシンガポールやニュージーランドなどの四カ国からなる自由貿易協定でしたが、二〇一〇年からアメリカがリーダーシップをとって、拡大をはかり、今では一〇カ国以上の国が貿易を含め、さまざまな分野で新しいルールを作ろうと交渉しています。また、RCEPは地域包括的連携協定のことで、ASEAN+6、つまりASEAN一〇カ国と、日中韓、さらにオーストラリア、ニュージーランド、インドが自由貿易協定を作ろうとしています。この二つの多角的な自由貿易協定構想は、最終的には、アジア太平洋全域の自由貿易協定の形成を目的としています。それから、EASとは、東アジアサミットのことで、二〇〇五年に発足したものですが、二〇一一年からは、アメリカとロシアを加え、ASEAN＋8（ASEAN＋6にアメリカとロシアを加えたもの）となり、安全保障だけではなく、さまざまな問題を首脳レベルで議論する地域の制度として、だんだん拡大し強くなっています。

2　地域共同体とは何か？

このようななかで、アジア地域共同体を考えようとするわけですが、まずは、地域共同体とはどのようなものかを話しておいた方がいいのではないかと思います。表15－1をみて下さい。ある地域をみるときに、いくつかの問題分野があります。表15－1は、それを三つにまとめています。一つは安全保障、もう一つは経済、三つ目は価値とか規範です。この三つの束で地域を考えてみたいと思います。地域共同体といったときに、人によってイメージが違います。ある人は経済だけに着目します。例えば、西アフリカでは西アフリカ経済共同体というものがあって、これは大体最終的には関税同盟とか、共通通貨を求めるということでコミュニティという言葉を使っているわけです。もう少し一般的にいえば、地域によっては、経済的にあまり相互関係のないケースもあり、相互依存関係が蜜になった場合もあります。さらに自由貿易協定などのレジームが形成されている場合もあります。さらに、共通通貨、地域中央銀行などがもたれるようなものもあります（これを経済同盟といいます）。

安全保障でも一番右側に、多元的安全保障共同体とありますが、これはもともと一九五〇年代の末に、カール・ドイッチュが共同研究者と一緒に、セキュリティコミュニティズという概念を出したのがはじめです。ここでいう多元的とは、ある地域を考えた場合にそこに複数の国が並存している、という意味です。それらの国のあいだに紛争が起きる。人間の世界ですから、いろいろな原因で紛争が起きますね。しかし、その紛争の解決に軍事力を使う可能性は、自他ともにゼロである、というのが多元的安全保障共同体といわれるものです。もちろん、これは、地域の安全保障上の形態の一つで、ある地域をみるとき、そこに構造的な敵対的関係があるときもあり、それほど対立的ではない場合もあります。さらに、一つの道筋としてこのような対立関係から脱して安全保障のレジーム（国際制度）が作られ、最終的には多元的な安全保障共同体に至ることもあります。

価値や規範の分野についての統合は、ヨーロッパが典型的ですが、そこでの構成国は、すべて民主主義の国であり、人権と基本的な価値については規範が共有されています。これはあえていえば、価値・規範の共同体ということです。しかし、アジア地域共同体といったときに、本当に表15－1の一番右の価値／規範統合を想定しているのだろうか、あるいはそれを実現可能な目標として設定することができるのか、ということになります。私はこれに非常に懐疑的です。私は、経済とか機能的な分野で、開発を含めてさまざまな形でアジアの協力を深めていくことを目標として良いのではないかと

表 15－1　地域ガバナンスのイメージと地域共同体

	ガバナンス・タイプ			
	紛争的地域複合体	協調的地域複合体	地域国際社会	地域共同体
安全保障	対立（敵対的勢力均衡）	協調的勢力均衡（コンサート）	安全保障レジーム	多元的安全保障共同体
経済	無関係（相互依存なし）	（レジームなき）実質的相互依存	経済的レジーム	経済同盟
価値／規範（社会）	対立的	非整合的	整合的	価値/規範統合
アジア太平洋の例	冷戦期	1980 年代のアジア太平洋	1990 年代の目標	［EU］［ASEAN 共同体？］

考えています。したがって、私は「協働体」と呼びます。これだったら、現実的な問題として大丈夫ではないかと。

3　歴史的な展開

アジアの地域共同体を考える一つの方法は、表15－1のいくつかの地域のガバナンス・タイプを頭におきながら歴史的な流れをみてみることだと思います。そのおおよそのことが、表15－1の一番下の欄（アジア太平洋の例）に書かれています。最初にいっておかなければならないことがあります。それは私の頭のなかにはアジアと、アジアに加えアメリカなども含めたアジア太平洋の二つの括りがあります。東アジアだけで安全保障、経済、価値の分野での共同体を作っていくとなると、それは、たぶん不可能です。したがって、もし考えるとしたら、アジア太平洋の次元で問題を設定した方がいいのではないかと考えています。

さて、アジア太平洋地域形成のなかで日本がどういう役割を果たしてきたかということをお話したいと思います。ここでは、第二次世界大戦後を若干強引に五つの時期に区分して考えたいと思います。冷戦期を二つに、そして、冷戦後を三つに分けて考えたいと思います。

(1) 冷戦期パートI(一九五〇年代～一九六〇年代)

まず冷戦期ですが、当時はソ連を中心とする東側と、アメリカを中心とする西側がわかれていました。ものの考え方、イデオロギーという点で非常に大きな対立があったわけです。一方では、市場経済と多党競争的な民主主義。他方では、社会主義と一党独裁の共産主義。そしてアジア太平洋、東アジアにおいても、そのような冷戦構造が直接覆いかぶさった対立と分裂の時代でした。表15-1でいえば、紛争的地域複合体。ただ、地域統合という形では、ヨーロッパで統合の動きが出てまいりました(これを地域統合の第一の波といいます)。アジアにおいても、一九六七年にASEANができました。ASEANは今では政治・安全保障共同体、経済共同体、社会共同体を作っていこうという段階にありますが、最初はそれほどのものではなく、もともとは五カ国のあいだで、紛争の平和解決とか、対話とか内政不干渉を軸にしたゆるい共同体づくりを始めたわけです。

このようななかで、一九五〇年代末の日本の外交文書には国連・西側・アジアの三つを重要視すると記されましたが、一番表面に出てきたのは、西側の一員でした。この西側の一員として、アメリカの作った秩序、例えば関税貿易に関する一般協定（GATT）ですとか、国際通貨基金（IMF）とか、そういう国際秩序に入って、経済復興をはかるというように、経済・貿易を中心にして国家を運営したわけです。そして一九六八年には西ドイツを抜き、日本は西側でGDPナンバー2の国となります。そしてGDPナンバー2は、二〇一〇年に中国に抜かれるまで変わらない日本の経済のアイデンティティの一つだったのです。

(2) 冷戦期パートⅡ（一九七〇年代～一九八〇年代）

一九七〇年代初め、アジアにおいて一番顕著な動きをみせたのは中国でした。中国とアメリカは一九七二年に上海コミュニケを発表し、一九七八年に国交樹立をしました。日本もアメリカと同様、中国との関係を密にしていくわけです。安全保障においては、日、米、中は、協調的な関係を築いていきます。ただそれは、ソ連を意識したものでした。

中国は、改革開放の時代に入り、急速な経済発展の礎を築いていきます。日本は一九七九年以来、二〇〇九年まで対中援助を総額三兆円くらい行います。一九八〇年代になりますと、アメリカの対アジア貿易が対ヨーロッパ貿易を上回るようになります。八〇年代には、後に東アジアの奇跡と呼ばれる事象が起きます。七〇年代の末から韓国・シンガポール・台湾・香港というアジアの四匹の竜とか虎とかいわれる国が急速に振興する。そして八〇年代になると、他の東南アジア諸国、それから中国も経済的な発展が顕著になってくるわけです。

一方で日本は、一九七〇年代の半ばにいわゆる先進国の首脳会議G7のメンバーになり、グローバルなポジションを得る。このように日本は急速に経済力をつけるわけですけれど、東南アジアその他の国々は、日本がどうなるかと心配になる。そこで出てきたのが一九七七年のいわゆる福田ドクトリンです。福田赳夫首相が東南アジアを歴訪したときに、出したものです。内容としては、一つは日本が軍事大国になることはない、二つ目は東南アジアの国々とはイコールパートナーである、三つ目は経済協力を進める、四つ目は心と心のつながりを大事にする、というものでした。これは今でも東南アジアの国々では高く評価され、そして日本と東南アジアの国々の関係の基礎となっていると私は思っています。同時に、東南アジアの国々も、一九八〇年代の前半、マレーシアの当時の首相マハティールが日本を見習おうといって（ルック・イースト）日本のやり方、制度などを導入するなど、アジアの指導国としての日本が非常に明確になりました。

（3）冷戦後パートI（一九九〇年代）

冷戦後のことに話を進めます。世界的にみて私は冷戦後には三つの時期あるいは波があったと考えます。最初の波は、安全保障でみますと国内紛争。ボスニア・ヘルツェゴビナや、ルワンダ。そういう国の内戦が大きな安全保障の問題になりました。これは、九〇年代です。第二の波は、国際テロです。九・一一事件では非国家主体である国際テロ組織がアメリカを攻撃しました。時期的には二〇〇〇年代です。第三の波は、大国間の安全保障問題の顕在化です。これは、二〇〇〇年代の末から顕著になりました。もちろん、これは安全保障の観点からみたものですが、経済やその他の分野からみても似たようなことがいえると思います。ですから、冷戦後といってもどの波をみるかによって、問題の所在が違ってきます。このことを念頭において、冷戦後の状態を考えてみましょう。

まず冷戦後の一九九〇年代。冷戦が終わると東西の分裂が終焉し、ソ連が崩壊し、アメリカの単極構造になった。冷戦の終焉後の終焉論にはいくつかのものがありました。一つはイデオロギーの終焉。資本主義と社会主義というイデオロギー対立は終わったということ。もう一つは安全保障の終焉。冷戦期のような米ソといった大国間の緊張や対立が安全保障の支配的な問題となる時代は終わった。それから三つ目は、国家の終焉。グローバリゼーションがどんどん進んで情報などが国境を容易に越えるようになった。したがって地理というものはなくなってしまった（地理の終焉）。このようにいろいろな終焉が起きた、これが冷戦後の特徴であるといわれたわけです。

では、地域にはどういう問題が起きたのかといいますと、世界的な地域統合の第二の波が出てくる。この地域統合の第二の波の特徴は、大陸レベルの統合の試みが現れてきた点です。ヨーロッパ統合は八〇年代半ば過ぎから単一市場をめざしてきた。九二年にはマーストリヒト条約で統合が飛躍的に進展する。一方、一九八九年にはアメリカとカナダのあいだの自由貿易協定ができる。一九九四年にはそれにメキシコが加わり、北米自由貿易協定ができる。こういうような流れのなかで、アジア太平洋においては全域を含む包括的枠組みの形成が考えられるわけです。これが、一九八九年にできたAPEC（アジア太平洋経済協力会議）。ちょうどそのころ中国は天安門事件を起こして、少しつまはじきになっていましたが、九一年に三つの中国（中華人民共和国、台湾、香港）がＡＰＥＣに入る。このＡＰＥＣはいわゆる私が冒頭で述べたアジア太平洋の枠組みです。アジアだけではなく、アメリカ、カナダが入り、オーストラリア、ニュージーランドが入り、チリやロシアも入ってくる。ただしＡＰＥＣはしっかりした法的な制度ではなくて、各国の自主性を認め、その範囲のなかで経済の自由化を図ったり、経済開発協力をしたりするものです。一方で、ヨーロッパのＥＵは非常にしっかりした制度をもったものでした。経済の分野でいえば、関税同盟。これは、参加している国々のあいだの関税はゼロにして、外に対しては共通の関税をかける、という制度です。それに対して、北米やその他の地域で結ばれている多くは自由貿易協定で、これは参加国間の関税はゼロにして貿易は自由化するのは関税同盟と同じですが、域外の国に対しては、それぞれの国が独自に関税をかけるものです。ところがＡＰＥＣは、自由貿易協定でも関税同盟でもなく、そういう外に対する差別がない。すなわち、ＡＰＥＣ諸国が集まって一斉に関税を下げたとすると、下げた関税は単にＡＰＥＣのメンバーによって享受されるだけではなく、世界の他のすべての国に均霑する。例えばＡＰＥＣの文脈のなかで日本が関税を一〇％から三％に下げましたといったら、ＡＰＥＣの国は日本に輸出するときに関税が一〇％から三％になる。同時にＡＰＥＣの外にある国、フランスとかイギリスが日本に輸出したときにも自動的に一〇％から三％になる。こういう域外差別のない、開かれた経済協力がＡＰＥＣの一つの特徴であったわけです。

安全保障の方でも、ＡＳＥＡＮ地域フォーラム（ＡＲＦ）は一九九三年に設立が決まり、九四年から発足します。これは外務大臣の会議で、安全保障の対話システムです。そしてARFはアジア太平洋の安全保障に関心があり、十分な貢献ができる国すべてを含むという非常にオープンなものでした。EUもARFのメンバーであるのはこのような理由からです。また、ARFには、いまでは北朝鮮も入っていて、まさに包摂的な安全保障の対話制度です。

私はこういう問題を特に日本からみるときに、アジア太平洋でみるか、東アジアでみるかに注意しています。日本ではアジア太平洋主義と東アジア主義をいったりきたりしている。他の国も同様です。この東アジア主義が最初に現れたのは一九九〇年、APECができてすぐのときです。当時のマレーシア首相マハティールが、APECにはアジアではない国が入っている、といいました。そして、東アジア経済グループ（EAEG、ASEAN＋3）を作ろうといいだしました。ただそのときに、アメリカのベーカー国務長官はアジア太平洋を分断する気か、東アジアとアメリカを分断する気か、と怒った。日本もEAEGには熱心ではなく、この話はそれ以上進みませんでした。ここで、ASEM（アジア・ヨーロッパ会議）という話がでてきます。これはシンガポールのイニシアティブで、一九九〇年代半ばにASEAN＋3とEU間の対話を促進するためにできました。

一九九七年一月には、橋本龍太郎首相がASEAN＋1（日本）の首脳会議を呼びかけました。するとASEANは、日本とだけやるわけにはいかない、中国、韓国を併せて首脳会議をやりましょうということで、九七年末に日中韓とASEANの首脳会議が行われたのです。それがだんだん定例化したものが、ASEAN＋3です。一九九九年に、当時の韓国の金大中大統領が東アジア共同体を考えよう提案しました。東アジアビジョンを考えようということになった。これが二〇〇〇年代に入って実現化がもとめられて、最終的には二〇〇五年に東アジアサミット（EAS）ができます。また、一九九七年の東アジア経済危機において、東アジアの国々は協力してそれに対応した。二〇〇〇年には、チェンマイ・イニシアティブという金融協力の枠組みができます。東アジア共同体論の最盛期がこの時期です。

九〇年代の日本はどうだったかといえば、八〇年代まで日本の経済は非常に強かったわけです。八〇年代を通してODA世界一位でした（これは、一九九八年まで続きます）。それまでは年間一兆円以上出していたわけですが、九〇年代末を境として、つるべ落としに低下します。安倍政権の二〇一三年度のODA予算は、最盛期の半分くらいになっている（日本のODA総額は、世界第五位という）。また、日本のGDPもバブルが崩壊して以来（一九九一年／九二年以来）、いわゆる長期低落といってよい状況が続きます。一人当たりのGDPでみますと、九二年と今はほとんど変わらない。一方で中国は毎年一〇％の経済成長をし、インドネシアもスハルト体制が終わって、経済が自由化してどんどん伸び、韓国も同様です。つまり日本の相対的な地位が、この時代から低くなり始めたのです。ただ、日本も二〇一〇年に中国に抜かれたとはいえ、まだ世界第三位の経済大国ですので、やらなければならないことはたくさんあります。

九〇年代の日本の対アジア政策に関していえば、日本はAPECやARF、ASEAN＋3を作る際に、大きなサポーターとしての役割を果たしました。一九九七年、九八年のアジア金融危機では、タイやインドネシアそして韓国などのアジアの通貨が急速・急激に下がって大変なこととなった。これに対して、ＩＭＦやアメリカは金を出さない。そのときにまだ余力があった日本は、宮澤構想を出しまして、三〇〇億ドルのお金をアジアの国々に回して金融危機を脱する大きなエンジンになったわけです。ただこのころ、中国とのリーダーシップ争いがだんだん明確になってくる。日本経済が「失われた一〇年」「失われた二〇年」と呼ばれる状況のなかで、中国はどんどん成長をしてきた。例えば、アジアの通貨危機のときに日本はアジア通貨基金を作ろうと提案したのですが、これは潰されます。アメリカも反対し、中国も反対しました。ただ、九〇年代の半ばまではアジア太平洋主義が強かったのですが、このあたりから東アジア主義が強くなって、二〇〇〇年には、いわゆるチェンマイ・イニシアティブできて、東アジアの国々のあいだで、通貨交換協定ができる。今では共通基金も二二〇〇億ドルできて大きなものになっています。

（4）冷戦後のパートⅡ（二〇〇〇年代）

国際テロの時代です。二〇〇一年九月一一日にアルカイダの組織がアメリカの世界貿易センタービルの二つの建物を壊すなどし三〇〇〇人近くの人が殺されました。九〇年代の安全保障の対象であった内戦ではなくて、国家とテロの戦争が支配的な問題となりました。これは新しい戦争と呼ばれました。アメリカは単極構造の頂点に立ち圧倒的な力をもっていたわけですが、国際テロに対処するために大国間の協調を訴えました。中国やロシア、北朝鮮でさえ九・一一が起こったあと、いちはやく国際テロを非難してアメリカを支持する声明を出しています。

この時期、地域統合には第三の波とも呼べる現象がでてきました。繰り返していいますと、第一の波は、一九五〇年代末に現在のEUにつながる地域統合が発足したこと、第二の波は冷戦終焉を前後して出てきた大陸規模の大きな地域統合でした。

そして第三の波は、九〇年代半ば過ぎから二〇〇〇年代にかけて二国間のFTAがつぎつぎに生まれたことを指します。日本も九〇年代末からシンガポールやメキシコと交渉を始めて、二〇〇〇年代になるとさまざまな国とFTAを結びました。同時に九〇年代末から重要視され、顕在化してきた東アジア主義がさらに明確になってくる。これの典型的なプロセスが、二〇〇五年のEASの成立です。すでに述べましたように一九九〇年代末から、ASEAN+3では首脳会議を開催していましたが、そのなかで東アジア共同体を進めようということになり、EASの創設となります。EASは、東アジアでの、経済協力、さらには、安全保障などをふくむ東アジア共同体を進めることを目的にしています。EASの成立の過程をみますと、中国の台頭が大きな影響を与え、それがEASのメンバーシップに大きな影響を与えたといえます。日本では当時の小泉純一郎首相が、二〇〇二年、東アジア共同体を作ろうという演説をシンガポールでしました。そのときに小泉首相はメンバーとしてオーストラリアとニュージーランドを入れたらどうかといいました。しかし中国は、東アジア共同体は東アジアだから、オーストラリアとニュージーランドをいれてもしょうがない、ASEAN+3でやろうといい、リーダーシップ争いがあった。一方ASEANの方は、中国がだんだん強くなってきたことを懸念して、ちょうどいい機会だからインドを入れようという。結局、ASEANのプロセスでは、いろいろな意見が出たらそれをみんな取り込むのが一つのパターンとなって、ＥＡＳを二〇〇五年に作るわけですが、そこにニュージーランドとオーストラリアとインドが入ってＡＳＥＡＮ＋６になるわけです。しかし、その時点でＡＳＥＡＮ＋３の首脳会議が終わったかというと、またこれを続ける。したがって、やり方としては、ＡＳＥＡＮ＋３とＥＡＳが同時にバック・トゥ・バックで（同じ時期に時を前後して）開催されることになるわけです。中国はＡＳＥＡＮ＋３でやろうと思っていたら、他の国が入ってきたので、東アジア共同体についての熱意を急速に失っていくわけです。

その当時（二〇〇〇年代半ば）、今も続いているＦＴＡＡＰ構想がでてくる。アメリカのバーグステンという人がいいだしたもので、アジア太平洋自由貿易協定構想です。ＡＰＥＣをもとにして、アジア太平洋全体で自由貿易圏を作ろうというのです。バーグステンが、アジア太平洋全体でＦＴＡを作ろうとしたのは、一方では二国間のＦＴＡができすぎて、複雑になっているのでＡＰＥＣ全体で自由貿易圏を作ろうとした。しかし、もう一つの理由は、二国間の自由貿易圏を作っていくと、結局アジア太平洋の国々はアメリカを選ぶか中国を選ぶか、究極の選択にせまられる。もしアジア太平洋全体で一つの自由貿易圏ができれば、そういう米中の対立、その他の国の選択の苦渋が避けられる、というのがバーグステンの当初の目的であったわけです。このころから、米中の対抗関係、東アジア主義からアジア太平洋主義への動きが強くなってくるわけです。

日本は二〇〇〇年代に入って、小泉政権にみられるように、対米重視政策が採られました。小泉首相は対米関係さえしっかりしていれば、自動的にアジアの国々と日本の関係はうまくいくというあまり論理的でないことをいっていました。小泉首相のやり方をみますと、一方で二〇〇二年のシンガポール演説のように東アジア共同体を作ろうといい、他方では靖国に毎年行き、韓国や中国との関係を緊張させたわけです。こうしたなか、中国の台頭は今ではグローバルな問題ですが、まずはアジア太平洋・東アジア地域でいろいろな問題を顕在化させていきました。

(5) 冷戦後パートⅢ(二〇〇〇年代末〜)

冷戦後のパートⅢは、二〇〇〇年代末、象徴的にいえば二〇〇八年のリーマンショック以後と思われます。ここでの国際環境の大きな変化は新興国の台頭の顕在化で、世界経済の中心が欧米や日本(西)から、東や南の方(中国、インド、ブラジルなど)に移るという大きな趨勢です。全体としては、単極から多極化への移行過程にあるわけです。そして安全保障も、大国間の安全保障が非常に目立つようになるわけです。地域統合に関しては、第四の波として、二国間に細分化されてきたFTAを多角化しようとする動きが起きる。例えばTPP、あるいはASEAN+6の自由貿易協定(RCEP)など、要は二国間ではなく多国間の大きなFTA、さらにはアジア太平洋全体をおおうFTAAPをつくろうという話が出てくる。そこでは世界経済の変化を反映して、新しいルールの形成もこころみられることになります。

この時期の安全保障環境をみると、アジア太平洋の特徴の一つは中国の軍事的な台頭で、それに対応するかのように、アメリカのアジア太平洋回帰が起きているわけです。これはアメリカのブッシュ政権の末期からだんだんと明らかになってきているのですが、一番有名なのは、二〇〇九年にARFがバンコクで開かれた際、バンコクでテレビのインタビューを受けた国務長官クリントンが、America is back to Southeast Asiaという有名な言葉を使うわけです。これは二〇一一年のアメリカの太平洋ピボット、あるいはリバランシングと呼ばれる政策につながっていくわけです。そして多角的なFTA、最終的にはアジア太平洋全体のFTAをめざしているわけですが、TPPとASEAN+6（RCEP）が対抗しているような感じになる。そして全体としては、協力と争いがともに存在する複雑な関係がアジア太平洋全体、そして米中関係に広がっている。ある人はこのような関係をAwkward embrace（居心地の悪い抱擁）という言葉で表しました。経済的には協力するが、安全保障的には少し対立的という、非常に変な関係のことです。日本でも最近の対中関係をみると、まさにAwkward embraceの時代が長く続いている。経済的には相互依存が強いが、他方で安全保障ではいろいろな問題が起きている。さらに全体的にいえば、アジア太平洋は、米中二極化へ向かうと考えられ、GDPでみると中国は一〇年後にはアメリカを抜き日本の数倍になるといわれています。したがって、日本は経済と安保のバランスのなかで、アジア政策を展開しなければならないということです。

4　日本の立ち位置と政策

日本は安全保障に関していえば、今は中国を念頭においた安全保障協力網を作ろうとしている（アメナカ、韓国、オーストラリア、インドなど）。ただ、これも限界があります。韓国は非常に中国と近いので、韓国と一緒に中国を見据えて何かやろうとしても、たぶんできない。日本と韓国が安全保障上協力できるのは北朝鮮があるからです。したがって、こういう限界をみながらアジア太平洋政策を展開せざるをえません。アメリカは現在アジア太平洋リバランシングをやっていますが、どこまで進めるのかがまだ分からない。財政難もありますし、新しい国務長官になりましたジョン・ケリーは、指名承認公聴会で、あまりアメリカがやりすぎると中国を刺激して大変なことになるから適当なところでやめておこう、といっている。安全保障において非常に不確実性が高い状況になってきているわけです。また、経済でも日本はTPPとASEAN＋6の自由貿易協定両方のメンバーになる可能性があり、日本がTPPに入るとすると、アジア太平洋のなかでTPP諸国とASEAN＋3のあいだの橋渡し役にもなることができるのではないかと思っています。

ただ非常に長期的に申しますと、アジアの共同体創造に向けて長期的な視野で安全保障上の信頼醸成措置をいろんな形で作っていくことが必要だと思います。例えば、日中のあいだで安全保障上の衝突を防ぐようなシステムを創っていくことが重要だと思います。それから非伝統的な安全保障分野での協力をさらに進めることも必要だと思います。これは真の意味での国際公共財です。HA／DR（人道援助、大災害支援）、それから環境など、どの国も影響を受ける問題に関する日中を含めたアジア太平洋全体の協力が必要になると思っています。さらに、自由貿易や開発協力もやっていかないといけない。例えば、日中韓三国の自由貿易協定は、もしそれができれば東アジア共同体の一つの礎となると考えられます。

最後に、人的交流や文化交流もするべきですが、これをやったらすぐに尖閣問題や南シナ海の問題が解決するわけでありません。しかし、非常に長い目でみて相互理解を進めていくことが重要なのではないかと思います。したがって、結論としましては、地域の共同体はアジア太平洋、東アジアではなかなか進まない。しかし長期的にみるとやることはたくさんある、ということです。

（山本吉宣）

静岡県立大学国際関係学部教授
『現代中国の社会変容と国際関係』（共著）汲古書院，2008年
『国際経済参入期のベトナム』（共編）アジア経済研究所，2004年
『社会主義ベトナムとドイモイ』（共編）アジア経済研究所，1994年

松長　昭（まつなが・あきら）第12章担当
慶應義塾大学大学院文学研究科博士課程修了
公益財団法人笹川平和財団主任研究員
『在日タタール人』（単著）東洋書店，2009年
『簡明日本語－アゼルバイジャン語・アゼルバイジャン語－日本語辞典』（単著）国際語学社，2009年
『アゼルバイジャン語文法入門』（単著）大学書林，1999年

名越健郎（なごし・けんろう）第13章担当
東京外国語大学ロシア語科卒業
拓殖大学海外事情研究所教授
『独裁者プーチン』（単著）文春新書，2012年
『ジョークで読む国際政治』（単著）新潮新書，2008年
『クレムリン秘密文書は語る』（単著）中公新書，1994年

山本吉宣（やまもと・よしのぶ）第15章担当
ミシガン大学政治学部博士課程修了
新潟県立大学政策研究センター教授
『国際レジームとガバナンス』（単著）有斐閣，2008年
『「帝国」の国際政治学』（単著）東信堂，2006年
『国際政治から考える東アジア共同体』（共編）ミネルヴァ書房，2012年

『太平洋国家アメリカへの道』（単著）有信堂，1996年
『アメリカがつくる国際秩序』（編著）ミネルヴァ書房，2014年
『日本外交の再構築』（共著）（「日本の外交」第6巻）岩波書店，2013年

井尻秀憲（いじり・ひでのり）第8章担当
カリフォルニア大学バークレー校政治学部大学院博士課程修了
東京外国語大学総合国際学研究院教授
『迫りくる米中衝突の真実』（単著）PHP研究所，2013年
『激流に立つ台湾政治外交史』（単著）ミネルヴァ書房，2008年
『李登輝の実践哲学』（単著）ミネルヴァ書房，2008年

高　文勝（こう・ぶんしょう）第9章担当
名古屋大学大学院人間情報学研究科博士後期課程修了
天津師範大学政治文化与政治文明建設研究院研究員・政治与行政学院教授
『歴史の桎梏を越えて―20世紀日中関係への新視点―』（共著）千倉書房，2010年
「歴史認識と日中関係」『現代と文化』第123号，2011年
「国民政府と満蒙問題」『日本研究』第40集，2009年

丹羽　泉（にわ・いずみ）第10章担当
九州大学大学院文学研究科博士課程単位取得満期退学
東京外国語大学大学院総合国際学研究院教授
『韓国百科（第2版）』（共編）大修館書店，2002年
「韓国伝統宗教と終末論」『韓国朝鮮の文化と社会』第11号，2012年
「韓国宗教の諸相」『宗教研究』第347号，2006年

五島文雄（ごとう・ふみお）第11章担当
東京外国語大学大学院地域研究研究科アジア・太平洋コース修了

吉野文雄（よしの・ふみお）第3章担当

早稲田大学大学院経済学研究科博士後期課程退学

拓殖大学国際学部教授

『東アジア共同体は本当に必要なのか』（単著）北星堂，2006年

『東南アジアと中国・華僑』（編著）成文堂，2012年

宮田敏之（みやた・としゆき）第4章担当

京都大学大学院人間・環境学研究科博士後期課程単位取得満期退学

東京外国語大学大学院総合国際学研究院教授

「米―世界食糧危機と米の国際価格形成―」『国際政治モノ語り』（佐藤幸男編）法律文化社，2011年

「中国市場とタイ産香り米ジャスミン・ライス」『経済産業省経済産業研究所（RIETI）Discussion Paper Series』11-J-005，2011年

「タイ産高級米ジャスミン・ライスと東北タイ」『東洋文化』東京大学東洋文化研究所，第88号，2008年

羽場久美子（はば・くみこ）第5章担当

津田塾大学大学院国際関係学研究科博士課程修了

青山学院大学大学院国際政治経済学研究科教授，東アジア共同体評議会副議長

『拡大ヨーロッパの挑戦（増補版）』（単著）中公新書，2014年

『グローバル時代のアジア地域統合』（単著）岩波書店，2012年

『EU（欧州連合）を知るための63章』（編著）明石書店，2013年

滝田賢治（たきた・けんじ）第7章担当

一橋大学大学院法学研究科博士後期課程単位取得満期退学

中央大学法学部教授

著者紹介

【編者】

渡邊啓貴（わたなべ・ひろたか）序章・第6章・第14章担当
慶應義塾大学大学院法学研究科博士課程単位取得満期退学
パリ第一大学パンテオン・ソルボンヌ校現代国際関係史専攻博士課程修了
東京外国語大学大学院総合国際学研究院教授・国際関係研究所所長
『フランスの文化外交戦略に学ぶ』（単著）大修館書店，2013年。
『シャルル・ドゴール』（単著）慶應義塾大学出版会，2013年
『ヨーロッパ国際関係史』（編著）有斐閣，2002年
『ミッテラン時代のフランス』（単著）芦書房，1991年／増補版，1993年

【著者】（執筆順）

伊藤憲一（いとう・けんいち）第1章担当
ハーバード大学大学院政治学研究科中退
公益財団法人日本国際フォーラム理事長，東アジア共同体評議会会長
『新・戦争論』（単著）新潮社，2007年
『二つの衝撃と日本』（単著）PHP研究所，1991年
『国家と戦略』（単著）中央公論社，1985年

鄭　俊坤（ちょん・じゅんこん）第2章担当
明治大学大学院政治経済学研究科博士課程修了
一般財団法人ワンアジア財団首席研究員
『アジア共同体の創成に向かって』（共編）芦書房，2011年
『韓国現代政治を読む』（共著）芦書房，2008年
『韓国現代政治入門』（共著）芦書房，2005年

リレー講義　世界からみたアジア共同体

■発　行——2015年2月12日初版第1刷

■編著者——渡邊啓貴

■発行者——中山元春

■発行所——株式会社芦書房

〒101－0048東京都千代田区神田司町2－5
電話03－3293－0556　FAX03－3293－0557
http://www.ashi.co.jp

■印　刷——モリモト印刷

■製　本——モリモト印刷

ISBN978-4-7556-1268-8 C0031